丛书顾问：顾明远　　丛书主编：李铁安

教师专业标准解读

中学教师

主　编◎燕学敏
副主编◎张　伟 张玉环 叶雨国 陶　富
叶运军 叶润发 柳世贤

天津出版传媒集团
天津教育出版社
TIANJIN EDUCATION PRESS

图书在版编目（CIP）数据

教师专业标准解读：中学教师/燕学敏主编.
—天津：天津教育出版社，2012.12
ISBN 978-7-5309-6938-0

Ⅰ.①教… Ⅱ.①燕… Ⅲ.①中学教师－师资培养－问题解答 Ⅳ.①G451.1-44

中国版本图书馆 CIP 数据核字（2012）第 277845 号

教师专业标准解读·中学教师

出 版 人：刘志刚

主　　编：燕学敏
责任编辑：王剑文

出版发行：天津教育出版社
天津市和平区西康路 35 号
邮政编码：300051
印　　刷：大厂书文印刷有限公司
经　　销：全国新华书店
版　　次：2017 年 9 月第 1 版第 2 次印刷
开　　本：710×960mm　1/16
印　　张：12
字　　数：173 千字

书　　号：ISBN 978-7-5309-6938-0
定　　价：29.90 元

序

《国家中长期教育改革和发展规划纲要（2010－2020年）》把教师队伍建设作为落实规划纲要的保障措施第一条，并且指出，“教育大计，教师为本”。深刻地表明，有好的教师，才有好的教育。

面向现代化、面向世界、面向未来的中国教育对教师的职责与素质提出了新的更高要求。教师的质量关系到学生一生的成长，关系到亿万家庭的希望，更关系到国家的未来。20世纪80年代以来，通过明确教师专业标准来凸显教师职业的专业性、推进教师专业化进程，成为世界许多先进国家提高教师质量的共同战略，中国也不例外。而不断深入开展的基础教育课程改革更是从现实层面将我国教师队伍建设提上重要日程。

《幼儿园教师专业标准（试行）》、《小学教师专业标准（试行）》和《中学教师专业标准（试行）》（以下统一简称《标准》）的颁布，是我国教师专业化进程中的重要里程碑。1994年颁布的《中华人民共和国教师法》在法律上第一次确认了教师的专业地位，当下，《标准》进一步对教师的基本素养和要求进行了系统细致梳理和规范，这将有力保证我国教师的专业地位，有效提升教师的专业素质。

《标准》是国家对合格教师专业素质的基本要求，是教师实施教育教学行为的基本规范，是引领教师专业发展的基本准则，是教师培养、准入、培训、考核等工作的重要依据。《标准》的实践意义主要在于能够更加切实增强教师专业发展的自觉性，从而把《标准》作为开展教育教学实践、提升专业发展水平的行为准则。

而就其内容来说，《标准》描绘了一名合格教师的道德坐标、知识坐标与能力坐标。因此，教师准确理解《标准》的基本理念，全面把握《标准》的基本内容，不仅有助于教师明确专业发展的方向和目标，而且有助于教师更准确地组织教育教学活动。为此，为广大教师提供一个便于理解《标准》理念和内容的解读文本，是贯彻落实《标准》的有效途径。

中国教育科学研究院的几位年轻学者编撰的这套《教师专业标准解读》丛书，为解读《标准》开掘了一个新的角度。“问题式解读”这个思路很好！通过对标准理念和内容进行整体性的抽取问题，并以问题解答的体例对标准进行解读，不仅容易激发和增强广大教师学习《标准》的愿望和阅读兴趣，同时，与直接逐条做学理解释相比，问题式的解读是对《标准》理念和内容的内涵进行“解构”，这将更能够真实有效地反映和传递《标准》的整体思想和精神实质。而且，带着对这些问题的思考，我相信广大教师在教育教学实践过程中也能够更自觉地将《标准》的理念和内容落到实处。

事实上，学习领会《标准》的过程也是广大教师专业发展的过程。衷心希望广大教师在《标准》的导引下，不断提升专业素质，以火热的激情和灵动的智慧投身到育人的伟大事业中，并享受教育事业给你们带来的幸福和光荣！

2012 年 11 月

目 录
CONTENTS

专题一 《专业标准》制定背景与基本理念

1. 制定《教师专业标准》的意义与价值是什么？ / 3
2. 中学教育的主要特点是什么？ / 7
3. 现阶段中学教育存在哪些主要问题？ / 12
4. 现阶段中学教育有哪些主要任务？ / 17
5. 中学教师的职业特点有哪些？ / 21
6. 中学生身心发展有哪些特点？ / 26
7. 如何理解《教育规划纲要》的20字工作方针？ / 30
8. 如何理解“把促进学生健康成长作为学校一切工作的出发点和落脚点”？ / 36
9. 社会主义核心价值体系包括哪些内容？ / 40
10. 中学教育如何践行社会主义核心价值体系？ / 44
11. 中学教师如何提高实践反思能力？ / 47
12. 中学教师如何发展终身学习能力？ / 51

专题二 基本内容一：专业理念与师德

13. 教师应该具备哪些职业道德修养？ / 57
14. 教师如何加强自身的职业道德修养？ / 60
15. 教师之间如何凝聚团队合作精神？ / 63
16. 中学教师如何对学生进行安全教育？ / 66
17. 教师如何做到尊重中学生的独立人格？ / 70
18. 教师要尊重中学生的独立人格应杜绝哪些具体做法？ / 74

19. 如何理解中学生身心发展的不同需求？ / 79
20. 教师要满足有益中学生身心发展需求应杜绝哪些具体做法？ / 83

专题三　基本内容二：专业知识

21. 教师如何做到为中学生创造积极条件享受快乐的学校生活？ / 89
22. 教师如何培育中学生良好的意志品质和行为习惯？ / 93
23. 教师在与中学生相处过程中应该注意哪些态度言行？ / 95
24. 教师如何对中学生倾注“真爱”？ / 99
25. 如何减轻中学生课业负担？ / 103
26. 促进中学生身心发展的基本策略和方法有哪些？ / 108
27. 预防中学生各种伤害和侵犯行为发生的基本策略和方法有哪些？ / 113
28. 中学教师应该具备哪些学科知识？ / 117
29. 中学教师如何强化学科知识？ / 121
30. 中学教师应该掌握哪些教育教学基本理论？ / 124
31. 中学教师如何强化中学教育通识性知识？ / 129

专题四　基本内容三：专业能力

32. 中学课堂教学如何激发学生的好奇心？ / 135
33. 如何培养中学生思维能力？ / 139
34. 如何培养中学生创新能力？ / 144
35. 如何培养中学生自主学习能力？ / 149
36. 如何培养中学生合作交流能力？ / 154
37. 如何理解新课程理念下的中学教学方式？ / 159
38. 评价中学生的学习与发展有哪些基本策略？ / 164
39. 中学教师如何与家长进行有效沟通与合作？ / 168
40. 中学教师如何开展教育科研活动？ / 173

附　录　中学教师专业标准（试行）

专题一

《专业标准》制定背景与基本理念

随着《国家中长期教育改革和发展规划纲要（2010－2020年）》的贯彻实施和2012年全国教师工作会议的胜利召开，教师队伍的专业建设迎来了一个新的发展阶段。教师教育发展的重点落在提高教师的专业素质和专业能力两方面，这不仅要求各级政府和教育部门尽快完善教师培养和培训制度，更对中小学教师队伍的建设提出了新的目标。因此，制定符合我国国情的中学教师专业标准，明确中学教师的基本专业素养，引领中学教师队伍建设是当前教师教育发展极其重要的工作。

在广大教育研究者、行政管理人员、培训机构领导与教师、一线校长和教师的共同研究和努力下，《中学教师专业标准》（以下简称《标准》）于2011年底颁布。《标准》结合我国中学教育发展的现状和特点，提出了学生为本、师德为先、能力为重和终身学习的基本理念，规定了中学教师必须达到的基本专业素养和教师开展教育教学的基本规范，关注了目前中学教师在专业发展中的薄弱环节。《标准》是在新的形势下，加快中学教育发展，应中学教育发展之需，指中学教师提升之路，导中学生成长之向的重要文件之一。

本专题将从社会主义核心价值体系、国家中长期教育发展规划、我国中学教育发展的现状、中学教育的特点等多角度对《标准》制定的意义与价值、《标准》的基本理念做一解读。

1

制定《教师专业标准》的意义与价值是什么?

国家大计，教育为本；教育大计，教师为本。教师队伍建设是当代世界教育事业发展共同的关键因素，提高教师质量已成为国际教育竞争的核心要素。自改革开放开始特别是进入新世纪以来，我国教师队伍建设取得了明显成效，为教育改革发展提供了强有力的师资保障。但随着我国经济社会发展，教育改革的深入，中小学教师队伍建设总体上还有些不适应，主要表现为不能满足基础教育改革的需要，不能满足广大人民群众对高质量教育的需要。从国际教师教育发展趋势来看，自 20 世纪 80 年代开始，世界发达国家，甚至一些发展中国家，纷纷制定教师教育标准作为教师教育改革和保障教师教育质量的一个基本前提。因而，无论从中国教师教育的现实状况，还是从国际教师教育发展的趋势来看，建立教师专业标准体系已是大势所趋。

2012 年教育部关于印发《幼儿园教师专业标准（试行)》、《小学教师专业标准（试行)》和《中学教师专业标准（试行)》的通知，标志着我国教师教育迈入一个新的历史发展阶段。教师专业标准对教师的专业伦理、工作态度、专业知识、专业能力及实践水平等，确立了质量规格，作出了明确规定。《标准》的制定与颁布，有其重要的理论价值和现实意义。

（1）制定教师专业标准，是落实教育规划纲要的一项重要而紧迫的任务。

《教育规划纲要》提出："严格教师资质，提升教师素质，努力造就一支师德高尚、业务精湛、结构合理、充满活力的高素质专业化教师队伍。"教师专业标准是"好教师"的基本标准，是提高教师地位的前提，只有教师专业地位确立了，才可能保障教师的经济地位，甚至是政治地位，从而使教师得到专业认可；无论是教师资质，还是教师素质，都是以教师专业标准为条件的，高素质专业化教师队伍的建设需要教师专业标准作为根本依据，教师专业标准从教师的专业理念和师德方面规定了基本的专业伦理内涵，从而为"师德高尚"奠定了基本的规范，它还从教师的专业知识和专业能力方面规定了教师专业的基本内容，从而为教师的"业务精湛"打下了坚实的基础，最终实现建立一支高素质专业化教师队伍的规划目标。

制定教师专业标准，明确教师专业素质要求，是健全教师管理制度的一项重要内容，必将大力促进我国教师专业水平的提高。建立教师专业标准体系，严格实施教师准入制度，对于提高教师队伍整体素质，提高教师教育质量，促进义务教育均衡发展和教育公平都将发挥重要作用。同时，制定教师专业标准也符合国际上教师专业化发展的潮流和趋势。

（2）制定教师专业标准，是提高教师队伍整体素质的重要保障。

教师职业具有专业化的性质，就像不能人人都从事医生与律师职业一样，教师职业也不是任何人都可以胜任和担当的。一个职业，必须经过一段时间，成功地满足某一专业性职业标准并获得相应的专业地位，才能称其为职业专业化。这就要求教师职业需要满足一定的专业标准才能获得相应的专业地位，要求从事教师职业的人具备相应的专业素质。那么这些要求是什么？具备什么样素质的人才能从事教师职业？这就必须通过教师的专业标准来规范和要求。只有达到教师专业标准的人才能进入教师队伍的行列，才能从事教师职业。

我国教师队伍建设尽管取得了辉煌的历史成就，但是教师专业化起步比较晚，相较于西方发达国家，我国关于教师专业标准的研究和制定工作开展得比较晚，迟迟没有正式出台，导致我国教师教育质量参差不齐、鱼目混珠，影响了教师队伍的整体素质。教师专业标准的制定与颁布，为教师的招聘、任用提供了重要的参考依据。严把入口关，选拔符合专业标准的人员进入教师队伍行列，这对于加强教师队伍的管理、提高教师队伍的整体素质、保障教育事业科学发展具有重要意义。

（3）制定教师专业标准，是教师教育教学活动科学有效的重要指导。

教师职业的对象是活生生的人，是正在成长中的儿童、青少年，他们具有主观能动性，而且千差万别、人人不同。社会职业中没有任何职业的对象能像教师职业这般有如此的复杂性。教师如果不掌握学生的成长规律，不懂得教育的规律，不掌握正确的教育方法，要想把每一个学生培养成才，是很难做到的。尽管教育教学理论对此提出了一系列基本原则、策略，但是从教师的角度或者对于每位教师来说，在教育教学活动中应该具备怎样的观念、行为和态度，还需要具体的规范。

《教师专业标准》的制定与颁布，对教师的观念、知识、行为等提出明确的要求，教师按照这些要求，不仅能保证教育教学活动的科学性，也能保证教育教学活动的有效性。同时，对于教师教育教学活动的评价也有了具体的标准。这对提高教育教学质量、保障教育教学的规范性、更好地促进学生的发展意义重大。

（4）制定教师专业标准，是满足教师终身学习需求的重要依据。

在当今信息爆炸的年代，知识更新速度飞快，学生的发展特点也与以往有所不同。一位学者说过，互联网发展的速度惊人，学生需要的知识有很多都来自于现代传媒技术，所以不管教师怎样学习，其发展速度是不能与互联网的发展速度相比拟的。教师的工作对象是充满生命力的、千差万别的个体，传授的内容是不断发展变化着的人文、科学知识，这就决定了教师要以一种变化发展的态度来对待自己的工作对象、工作内容，要不断学习、不断反思、不断创新，这是一个复杂的、缓慢的过程，需要教师个人、所在学校、教育管理部门等多方共同努力、共同支持。

教师专业标准对于教师的品德、知识、能力等都做出具体的规定，提出明确的要求，这就使得教师个人、学校、教育行政部门等，都清楚地了解了教师的专业发展包括哪些内容、具体要求是什么，可以对照标准了解哪些方面达到了要求、哪些方面还需要加强，为教师的专业发展提供了明确的努力方向和努力目标。

（5）制定教师专业标准，是教师职前培养、职后培训的重要参照。

要提高教师队伍的整体素质，教师的职前培养与职后培训至关重要。但是，教师职前培养、职后培训的基本内容是什么，关键点和侧重点又在哪里，这都与教师的专业标准密切相关。

教师教育的内容、重点以及教师资格考试等，都应当依据教师专业标准。有了教师专业标准，不仅可以规范教师教育机构的职前教育和职后培训内容，也有利于对教师教育机构的培养培训质量进行考核评价，另外还有利于各教师教育机构在保证基本内容的基础上，突出特色，这对于提高教师的职前培养和职后培训质量意义重大。

（6）制定教师专业标准，是评价与考核教师资格与专业水平的重要依据。

过去，我国教师的招聘、任用一直存在着很大的随意性。《教师专业标准》的制定为教师职业的准入设置了明确的标准。目前，除个别偏远地区外，我国的教师数量基本满足当前教育的发展需求，但是教师的整体素质并不是很高，因此，提高我国教育质量，严把入口关，选拔符合专业标准的人员进入教师队伍，是保证和促进学生接受优质教育的前提条件。

我国的教师考核，各个地区的标准都不一样，甚至每个学校的标准也都不一样，因此地区间、学校间存在很大的差异。《教师专业标准》的制定为教师的考核与评价提供了客观依据，有利于相关部门确定教师管理制度，科学有效地评价与考核教师的专业水平。

总之，《教师专业标准》的制定，是教师专业化的迫切呼唤，是城乡教育均衡化的客观需要，是“一切以学生为本”的必然要求，是国际教师教育发展趋势的必然结果，在教师队伍建设中具有基础性、先导性和全局性的作用，更是贯彻落实《国家中长期教育改革和发展规划纲要（2010～2020年）》的现实需要。

《教师专业标准》的制定与颁布，是一项意义重大、影响深远的工作。

2

中学教育的主要特点是什么?

中学生涯可以说是一个人一生中一个重要的转折阶段。中学生处于青春期向成人过渡的时期，性格比较偏激，但性格的可塑性很强，往往会因为某些事情的处理不当而出现一些过分举动。了解中学教育的特点就必须先了解中学生这个年龄阶段的人的特点。

首先，中学阶段正是一个人从无知到慢慢了解认识世界的开始，情感世界也开始一点点丰富，而且中学生对一切未知的东西都特别敏感。身体的成熟、心理的逐步完善注定此阶段的人需要更多的关注，包括身理和心理双方面的。

其次，中学生正在全面拓宽自己基础知识范围的时期，他们需要接触和学习不同的知识。不同于他们在小学阶段刚刚接触知识的时候，在有限的知识范围里很难找到自己的兴趣点。广阔的知识面，这是找到他们兴趣点的开始，良好的兴趣才是美好未来的开始。中学教育的意义并不是让他们学习多么深刻的知识，而是尽可能拓宽他们的知识面，指导他们找到自己的兴趣。同时积极主动了解他们心理的发展动向，使他们人格健全，使他们懂得人生的价值观的重要性。

中学教育是人生的根本。只有根扎好了，才会枝繁叶茂；只有根扎好了，才会长成栋梁之才。良好的中学教育是培养高素质人才的基础，是建设祖国未来的基石。因此，中学教育显得重要之极。抓好中学教育关乎到一个家庭的幸福，抓好中学教育关乎到一个社会的稳定，抓好中学教育关乎到一个民族的繁荣，抓好中学教育关乎到我们未来的发展。良好的中学教育要从以下几个方面抓起。

（1）思想道德的教育。

“想做事，先立人。”思想道德教育在中学这个人格完善、人生价值开始形成的时期是很重要的，我们不能忽略这个最重要的时期。思想道德的教育应该从以下方面做起：

第一，进一步提高认识，加强领导。思想道德教育是素质教育的重要组成部分。它对于未成年人的健康成长起着导向、动力和保障作用。因此，不论是家庭、学校还是社会都应当站在关心国家和民族未来的高度，用长远的战略眼光来认识加强未成年人思想道德教育的重要性。培养他们具有高尚的品德、善良的性情、强健的体魄、优良的习惯以及爱国爱民的民族精神。

第二，改进思想道德教育方法。在未成年人思想道德教育教学中，为了使学生成为真正的主体，教师必须注意教学方法的研究和改进。在教学中，必须使学生放开手脚，让学生参与教学，尽量采取形式多样、寓教于行、寓教于学、寓教于乐的活动，刺激学生参与的热情；在中小学校当中，要分年级、分层次、有计划地把思想道德教育融入教学内容当中，全方位加强未成年人知识、情感、意志、行为的系统教育；教师在讲授具体的学科知识时，要尽量借助科学的方法，将思想道德教育的内容渗透其中。

第三，构建“三位一体”的未成年人思想道德教育体系。学校教育、家庭教育和社会教育既有各自的独特性，又相互配合、相互渗透。学校教育方面，应发挥主课堂、主阵地、主渠道的作用，牢固树立育人为本、德育为首、注重实效的观念，有计划地组织学生参加实践活动，如参观伟人故居、烈士墓等；家庭教育方面，应建立家长联系制度，如家长会、家庭教育委员会等；社会教育方面，应净化社会环境，坚决取缔、严厉打击“黄、毒、赌”等社会丑恶现象，为未成年人提供健康文明的社会环境，从而形成学校、家庭和社会三方齐抓共管的教育氛围。这样就能从各个方面抓好中学生的思想道德建设，有利于他们形成正确的价值观、世界观，成为祖国的建设者和中国特色社会主义的接班人。

（2）心理健康的教育。

很多人往往只注重在这个激烈竞争的社会环境中知识的重要性，却忘记了孩子的心理健康是更为重要的。如何才能更好地开展中学生心理健康的教育呢？

第一，创设有利于学生心理健康发展的校园环境。

学校是学生的第二个家，学生从学校中不知不觉地接受教育和影响，因此，优雅、洁净、文明、舒适的校园环境能给学生“润物细无声”的良好心理影响。校园中亭阁假山、名人雕像、书画长廊、名人名言、校风校训以及各种宣传橱窗都会给学生美的享受和理性的思考。生物园里生机盎然，校园里繁花点点、绿草茵茵，学生在曲径廊亭中看书，这些自然风景和人文景观无时无刻不在触动着学生的感官，使学生能感受到美的熏陶和道德的感染，在愉悦中受到教育，自觉地形成一种积极向上的心态。

第二，教师是实施心理健康教育的主体，要构建民主、平等的师生关系。

教育部《关于加强中小学心理健康教育的若干意见》中明确指出，中小学开展心理健康教育应全面渗透在学校教育的全过程。这就是说，心理健康教育单靠几个专职教师是不够的，必须是全体教师广泛参与。教师要本着以人为本、以学生发展为主的原则，不断更新观念，不断改变教学方式，尊重学生，缩短师生之间的心理距离，促进学生的心理得到健康调整。当老师把学生当做知心朋友，师生之间加强沟通和理解，学生喜欢你的课，对学习有了兴趣，学业成绩就能提高；学生与老师关系亲密了，也增强了学生的归属感和自信心，又能培养人际交往能力，这将有利于完善学生情绪状态、人格及身心的健康发展。

第三，充分发挥家庭教育功能。

开展心理健康教育，仅仅依靠学校是不够的，学生的心理问题，学校只能在极有限的时间和空间进行矫正和引导。实际上，社会环境和家庭影响尤为重要。可以说，大部分青少年的心理障碍都与其父母有直接或间接的关系。取得家长的合作，帮助家长发挥他们的教育功能，对于改善孩子的心理状态和预防孩子的心理障碍是极为重要的。良好的心理素质需要良好的家庭的教育培养，学校要与家庭紧密配合，教师与学生家长要加强沟通，时刻关注学生存在的心理问题，对家长给予适当的指导，对学生给予及时的疏导。如学生应试心理差，教师可引导家长要以平常心态看待考试，家长的唠叨、在意、期望过高，都会给孩子造成太大的压力。再如青春期的性教育、人际交往技巧和意志力的培养等都需要发挥家庭教育功能。有些中学生有社交恐惧心理，很少与人交往，害怕不被人接纳，或嫉妒别人，或看不惯别人，或对男女生交往有困惑等，对此，家长应鼓励孩子多交友，并在择友上加以指导，培养他们的社交技巧；过多指责、约束孩子反而会使孩子在社交中缺乏自信。父母在孩子成长过程中，应正确引导孩子，加强交流，培养孩子健康的心理。

心理健康教育是学生健康成长全面发展的需要，应引起高度重视。家庭和社会要提供良好的教育环境，学校更应对学生进行心理健康教育，使每个学生都能受到良好的心理素质的培养，具有健康的心理和良好的心理承受能力，以适应激烈的社会竞争。

（3）学习基础性和全面性。

中学教育是学习真正知识的过渡阶段，因此广泛地接触各种知识的重要性不言而喻。

①中学教育的基础性。

中学教育的基础性是指对年轻一代施以全面的素质教育，为他们未来做人和未来的发展奠定基础。不同的国家，经济发展、科学文化发展情况不同，基础教育年限与要求也不同。我国小学教育和初中教育都是基础教育，高中是高一层次的基础教育。我国的基础教育是为培养有理想、有道德、有文化、有纪律的社会主义公民打基础的。

从中学生毕业后的去向看，中学教育的基础性主要表现在以下几个方面。

第一，为成长为合格劳动者打基础。高中毕业生有一部分将走向社会，从事一定的生产劳动或服务性劳动；初中毕业生除一部分升入普通高中外，还有一部分接受高中阶段的职业技术教育。中学教育的基础性，首先表现在为他们的就业和接受一定职业技术教育和训练打基础。

第二，为接受高一级学校教育打基础。初中毕业生有一部分进入中等专业学校接受中等专业技术教育；高中毕业生有相当一部分将升入高等学校接受教育。中学教育的基础性也表现在为这一部分学生的继续学习打基础。

第三，为个人终身学习打基础。中学教育不单是为直接就业做准备，也不单是为升入更高一级学校做准备。就业或升学是毕业后面临的一次社会选择，但不论选择结果如何，每个人为了适应现代社会发展必须终生接受教育，中学教育也是为继续接受终身教育打基础。中学教育是提高民族素质的基础工程，为学生未来的发展打基础，也就是为提高中华民族素质打基础。中学教育与高等教育不同，高等教育的人数不多，而随着普及义务教育的实施，接受中学教育的人数越来越多，未来的社会成员都将是至少接受过中学教育的，而未来整个民族的素质状况将取决于现在中学教育的质量。

②中学教育的全面性。

基础教育应当是全面性的，不单是为某一方面打基础。1982 年我国宪法规定："国家培养青年、少年、儿童在品德、智力、体质等方面全面发展。"中学教育的全面性正是遵循了宪法的要求。普通中学教育对象是青少年，他们正处于长身体、长知识和世界观、道德品质形成时期，因此，此时的基础教育不仅包括知识技能的发展，也包括身体发展、思想品德发展、心理素质发展等方面的基础教育。

提高中华民族素质包括提高身体素质、心理素质、社会文化素质等方面，这在客观上要求中学必须对学生施行全面教育。当前的中学教育质量是否全面，关系到今后民族素质能否得到全面提高。我们要端正办学思想，克服片面追求升学率的倾向，为全面提高中华民族素质作贡献。

3

现阶段中学教育存在哪些主要问题?

百年大计，教育为本。教育是立国之本，是衡量民族兴旺与否的重要标准之一。一个国家的发展程度关键是看其教育水平，教育关系着国家的未来，关系着一个国家的长治久安。而孩子作为被教育的对象，则是祖国的花朵、民族的希望。因此，如何教育培养好21世纪的孩子们，则显得至关重要。然而，现在针对孩子们的中学教育阶段，则存在诸多问题，教育现状的表面健康实在令人担忧，不能不引起我们的反思与探究。

（1）教育群体（这里的教育群体主要是指学校领导者、教师、家长及学生）存在的问题。

第一，领导学校是一门很大的学问，有了好的校领导，学校的各项工作才能有条不紊地运行。校领导的决策在很大程度上影响学校工作的发展与进程。现在，一些学校工作的开展以尖子生为主，包括课程安排、住宿等。学校注重的是升学率，而不是某个学生取得多大进步。一些学校对成绩差的学生采取的是“放羊”式管理，只要不影响成绩好学生的学习就可以了。“每个老师的教鞭下都可能会出现爱因斯坦。”其实每个孩子都可以成才，那些所谓的“差生”只是缺乏针对他们的合理的教育方式而已。

第二，教师作为孩子们的直接“传道者”，可谓是言传身教，其一举一动、一言一行皆影响孩子的一生。然而，正是因其在教育群体中扮演这样重要的角色，其问题也就越突出。“师者，传道、授业、解惑也”，教师的主要职能是教书育人。然而，现在有些教师只注重于教书而忽略了育人，甚至有的教师连教学都是应付差事。教师是光荣而神圣的，对于教育者来说，它应该是一项事业而非仅仅是一种职业；对于现在的中学教师而言，尚存在着功利性，即把从事教师行业作为一种谋生的行业而完全忽略了教师的神圣职责。

另外教师整体素质值得担忧。优秀的教师是学校的命脉，然而现实中大多数学校的优秀教师严重不足，具体表现在以下几个方面：

一是教师自身所掌握的知识结构不合理。比如综合性知识水平低，仅仅掌握本学科知识，有的甚至连本学科知识都不甚明了。这样在教学过程中，学生就无法通过教师的学科课堂拓展了解其他相关的知识，无法激发学生强烈的求知欲望，更无法拓展学生的精神世界；二是在教师队伍中，“做一天和尚撞一天钟”现象较为普遍，在这样的环境下，既很难发挥优秀的教育资源，又不容易完成教育教学任务；三是大部分教师在从事教师这一行业之后，继续学习的主动性不够，满足于按时完成教学任务，而不愿意去探索钻研教育教学中存在的诸多问题。

第三，培养孩子成才是一个系统工程，家长是家庭教育的管理者和实施者，是学校教育的坚强后盾。

其作用主要体现在以下几个方面：一是家长的榜样作用。父母是孩子的“首任教师”，是孩子首先模仿的榜样。父母的言行、思想观念和文化素质时刻地影响着孩子，可以说从孩子身上，我们总能找到父母的影子。二是家长是有目的进行教育的实施者。孩子基本素质的形成和家长的培养、教育是分不开的。古今中外众多名人成才的事例无不说明家庭和父母的作用。三是家长要为孩子创造一个健康成长和学习知识的良好环境，这里说的环境包括物理环境和心理环境。能够满足孩子生活学习必要的物质条件和适合的场所，可以说是良好的物理环境；由家长高尚的品德、健康的心态和不断进取的精神所营造的家庭氛围是良好的心理环境。四是家长要引导孩子树立敬师观念。也许有的教师教学水平不尽如人意，但是作为家长不能在孩子心中留下任何例如“老师不行”的观念，因为这样孩子会对相关教师教学的这门学科失去兴趣，最后吃亏的还是自己的孩子。因此，作为家长必须在孩子心中树立起对教师的敬佩之情，而且必须培养他们对教师所教学科的兴趣，这就要求教师、家长二者之间建立起必要的沟通交流，只有这样才能让孩子的成绩提高。

第四，诸多的教育群体虽然存在着诸多的教育问题，但学生自身的问题则占有主导作用。

学生自身的问题主要表现在学习方面存在的问题：一是学习动机不足。主要表现为上课精力不集中，东张西望，走神、分心；不能主动完成作业，有抄袭或不交作业现象发生；只有在家长或老师的督促下才肯学习。二是学习习惯不良。主要表现为上课随便说话、做小动作；不能保持正确的读写姿势；写作业时边写边玩；不能独立学习；学习用品随意放置；做事无条理，丢三落四。三是学习方法不当。主要表现为学习无计划，消极被动；学习中抓不到要点、难点，尽管学习努力但成绩不好；不能形成自己的知识结构；学习效率低。四是学业不良。主要表现为智力正常但学习成绩却明显低于同年级学生的一般水平。五是不适应学校生活。主要表现为对学校的态度消极，学习困难，与同学之间不能很好相处。

（2）教育结构存在的问题。

当前的中学教育往往只是注重知识教育，考虑的是学生的成绩，而忽略学生的法制、心理健康等全面发展的教育。比如，青少年犯罪率逐年上升，即可归结为学生的法制及心理健康教育的不完善。受社会环境及自身因素共同影响，当前中学生的法律和心理健康问题已是不容忽视。

第一，法制教育问题是中学教育结构存在问题中的主要问题之一。

法制教育存在的主要问题表现在以下几个方面：一是教育部门对学校法制教育重要性的认识不够。学校是青少年法制教育的主阵地，但在学校教育中，与其他课程相比，法制教育仍然得不到足够的重视，这一点从现行教材的设置便可看出。在现行的教材中虽然也有相应的普法教材，可是课时安排较少，在教学上也仅是流于形式。

二是任课教师水平参差不齐，教育方法缺乏多样性，学生积极性不高。目前绝大多数学校的法制课教师基本上是由思想品德课、政治课教师兼任，个别学校是由班主任或校长兼任，一方面缺少必要的法学理论和法律知识（自身的法律意识和教学方法便存在着一定的欠缺），另一方面又缺乏实践经验，导致很多教师只能照本宣科，缺乏案例教学和课堂的灵活性，虽然许多学校聘请了法制副校长或聘请法律教师，但因受课程安排和兼职教师时间、精力有限的制约，不能满足实际需要。另外许多学校由于对法制课的重视程度不够和安排的经费不足等原因，使法制教育仅仅局限在校园之中和课堂之内，造成学校教育和家庭教育、社会教育的脱节，这样一来，使法律课成了纯粹的知识讲授课，学生没有学习的积极性。

三是把法制教育与思想品德教育混为一谈，认为法制教育是道德教育的组成部分。从中学学校的法制教育内容来看，大多分散在德育类教材中，把法制教育作为学校德育内容的一个相对次要的组成部分，不系统、不全面、无规律，缺乏内在连续性。中共中央国务院《关于进一步加强和改进未成年人思想道德建设的若干意见》中提出“要把思想品德教育与法制教育紧密结合起来，使二者有机统一，相辅相成”，说明法制教育应该与道德教育并行。

第二，中学生群体存在共性的心理问题。

受当前我国教育模式、家庭因素、社会因素的影响，中学生心理健康问题在教育中层出不穷。

学习类问题。这是中学生在其学习生涯中面临的主要心理问题，常见为：一是压力较大，导致食欲不振、失眠、神经衰弱、记忆力下降、思维迟缓等；二是厌学；三是考试焦虑。

人际关系问题。这也是中学生中反映最多的心理问题之一，常见为：一是与教师的关系问题；二是与同学的关系问题，主要集中在交友方面；三是与父母关系的问题。

情感类问题。中学生的第二性征渐渐发育成熟，性意识也逐步形成，容易产生早恋等问题，其特征主要有：朦胧性、感染性、单纯性。

（3）教育体制存在的问题。

以上诸种问题归根结底是现在教育体制存在的问题，其特点是应试教育、功利教育。功利教育必然导致应试教育。

在当前的应试教育体制下，有的家长只看重学生的成绩，有的学校也只关注学生的成绩。对学生来说，好成绩意味着可以不交高价学费；对学校来说，好成绩意味着声誉好，意味着可以收取更高标准的学费，意味着教师的工资奖金。这值得我们深思、反省。

4

现阶段中学教育有哪些主要任务？

教学从来都是学校教育的核心，在历史上，先有教学然后才有学校。学校是为了更有效地组织教学工作，培养社会所需的人才而组织和发展起来的，教学是学校教育，尤其是中学教育的主要工作。教学是在教育目的规范下的、教师的教与学生的学共同组成的一种教育活动。在这一活动中，学生在教师有计划地组织与引导下，能动地学习、掌握系统的科学文化基础知识，发展自身的智能与体力，养成良好的品行与美感，逐步形成全面发展的个性。简言之，教学乃是在教师引导下学生能动地学习知识以获得个性发展的活动。所以，教学是学校实现教育目的的基本途径。

教学与教育这两个概念的关系，是一种部分与整体的关系。教育包括教学，教学只是学校进行教育的一个基本途径。除教学外，学校还通过课外活动、生产劳动、社会活动等途径向学生进行教育。

教学与智育两者既有联系，又有区别。作为教育的一个组成部分的智育，即向学生传授系统的科学文化知识和发展学生的智力，主要是通过教学进行的。但不能把两者等同。一方面，教学也是德育、美育、体育、劳动技术教育的途径，另一方面智育也需要通过课外活动等途经才能全面实现，把教学等同于智育将阻碍全面发挥教学的作用。

教学还与学生在教学中的自学紧密相关。教学由教与学两方面组成，其中，学既包括学生在教师的直接教授下的学习，也包括学生为配合教师教学而进行的预习、独立完成作业等自学活动，而教学的目的就是要不断提高学生的自学能力，达到能独立自主地自学。但是教学与学生在教学之外独立进行的自学有严格的区别，后者是学生独立自主进行的学习，不同于教学中的预习、复习和作业。教学不包括学生自主进行的自学。

那么，在中学阶段，教学任务有哪些呢？

确定教学任务，不仅要依据教育目的，还要考虑教学与学生发展的关系。据此，我国中学教育的教学任务有以下几个方面。

（1）掌握科学文化基础知识。

教学的首要任务是引导学生能动地学习、运用和掌握科学文化基础知识和基本技能。因为教学的其他任务都只有在引导学生掌握基础知识和基本技能的基础上才能实现。

所谓基础知识，对中学生来说，是指构成各门学科的基本事实以及其相应的基本概念、原理、公式等内容和系统。它是组成一门学科知识的基本结构，揭示了学科研究对象的规律性，反映科学文化发展的现代水平。换言之，基础知识应当是最重要的、最基本的、最常用的，为认识、实践与交往所不可或缺的知识。切不可把基础知识泛化，如果不分主次，把一切有用的知识都当基础知识，统统要求学生掌握，那么就会加重学生的负担，反而不利于基础知识的掌握，这是教师在教学中极易出现的偏差。当然，基础知识是一个相对概念，对不同年级、不同学科，其内涵外、延均会有所变化，不可能作出一成不变的统一界定，这就需要各科教师要有超越学科的视野，并经过慎重研究才能对其作出全面、合理而切实的厘定。

（2）掌握基本技能和技巧，发展学生的体力、智力、能力和创造才能。

所谓技能，是指学生运用所掌握的知识去完成某种实际任务的能力，而所谓基本技能，则是指各门学科中最主要、最常用的技能，如语文和外语的读与写、数学的算、音乐的歌唱、美术的绘画以及计算机的操作技能等。基本技能的形成与基础知识教学密不可分，但是它属于能力的范畴，是发展能力的基础。

所谓技巧，是指一种技能操作或动作的自动化。有的技能通过一定的练习便可发展为技巧，如读、写、算的技巧，运动技巧和计算机打字技巧。但不是所有的技能都能通过训练发展为技巧，包含复杂智力操作的技能，如写提纲、作文、解决实际问题的计算，无论怎样训练也不能转化为技巧。

教学活动中，知识、技能、技巧三者相互联系、相互制约、相互促进。但不同类别的学科及内容的教学，对三者关系的处理有不同的特点。系统知识含量高的科学文化课的教学，一般都从传授知识入手，引导学生在理解基本概念和原理的基础上，逐步形成技能和技巧。然而，技术性与艺术性很强的音、体、美等课程的教学则不同，多从技能的教学入手，并配合技能的教学讲解相关的知识、要领、诀窍、原理。

掌握基础知识和基本技能是提高教学质量的基础。我国中学教学有重视“双基”教学的优良传统，但亦有不足之处：被动接受有余，主动探索、独立思考不足；求同有余，创新不足；当做金科玉律信奉有余，当做解决面临问题的资源与工具去运用不足；进行知识积累、博取分数有余，进行价值追寻、提高精神境界不足。这些方面均亦需改进。

（3）培养正确思想、价值观、情感与态度。

学生个人的思想、价值观、情感与态度，构成他个人的灵魂、个性的核心，制约着学生个人的学习方向与动力，从而也深刻地影响教学的效率与质量。因此，培养学生的正确思想、价值观、情感与态度是教学的一个重要的不可忽略的任务。

所谓思想，是指理性认识，其中主要是作为思想意识的观念形态，包括政治、经济、科学文化与审美等方面的思想观念。培养正确的思想主要是指使学生具有社会主义觉悟、正确的价值观、荣辱观与构建和谐社会的理想，它是培养与形成高尚情感与积极态度的基础。

所谓价值观，是指推动并引导个人采取决定和行动的信念与准则，是一个人的思想意识的核心。现代社会与学校教育都非常注重价值观教育。

所谓情感，是指同人的社会性需要相联系的一种较复杂而又稳定的态度体验。它较之于情绪，发生较晚、比较稳定、与人的高级需求相关，如与交往相关的友谊感，与道德行为规范相关的道德感，与精神文化需要相关的美感、理智感以及爱和恨的体验。情感发展的高级形态是情操。所谓情操，它是由情感和思想、信念等因素综合形成，也是情感和操守的结合，能够自觉顽强规范个人的行为方式和修身品性。与思想、情感及情操连接的是态度。所谓态度，是指个人对某一对象所持的评价和行为倾向。它是由思想、情感、意志等综合形成的、比较稳定持久的心理结构，是调节外界刺激与主体反应的中介，直接决定个人行为的方向、性质与态度。态度有肯定或否定、积极或消极、强烈或冷漠之分，突出体现了个人的立场和价值取向。态度关涉的范围广，有社会态度、工作态度、学习态度、政治态度等。对教学来说，培养学生正确的学习态度至关重要，是推动学生主动积极学习的内在动力和思想保障。当代许多国家都主张把培养学生的正确态度作为首选的教学目标之一。

总之，教学既要贯彻教育目的，完成德、智、体、美和综合实践教育的任务；又要依据教学机制，引导学生掌握基础知识、基本技能，发展他们的体力、智力与创造才能，培养他们的正确思想，情感与态度。这两个维度的任务在教学实际中是密切结合在一起的。

5

中学教师的职业特点有哪些？

中学教师是年轻一代的培养者，是传递和传播人类文明的专职人员，是学校教育职能的主要实施者，被推崇为人类灵魂的工程师。因此，作为人民教师，应该充分认识和了解自己从事的职业特点，积极而有效地扮演教师角色，使教师这一太阳底下最崇高的职业散发出更加璀璨的光芒。

任何职业都有其自身的特点。教师职业的特点是在长期教书育人的实践中形成和发展起来的，是由教育目的和教育对象的特殊性所决定的。认识中学教师的职业特点有助于我们更加深刻地理解教师的职责和作用。那么，中学教师的职业特点有哪些呢？

（1）复杂性。

第一，教师劳动的对象是发展变化中的，主要是未成熟的青少年学生。他们作为有思想、有感情、有个性的活生生的人，时时处在生命的发展变化之中。他们既有共同的生理、心理特点，遵循一定的发展规律，又有各自不同的经历、兴趣爱好、个性特征等。教师尤其要知道，学生是具有一定主观能动性的主体，学生的发展又具有多向性和特殊性，因此需要教师真正把学生视为学习主体和发展主体，全面把握他们身心发展的不同水平和变化情况，因材施教。

第二，教师的工作任务是多方面的。教师要促进学生全面和谐的发展，既要面向全体学生，又要照顾个别学生；既要培养优秀学生，又要帮助后进学生；既要与家庭、社会协调一致，又要对学生的校内生活全面负责。教师任务的多样性，说明了教师职业的全面性和复杂性。

第三，教育过程是复杂的。教师抓好教育过程必须做好多种工作，既要了解学生个体，又要针对学生整体；要对教材进行重组加工，以适应学生的身心发展水平与情趣；更要随时观察学生的反应及时作出调整，以调动他们的积极性；对教学过程、教学结果的评估要有利于教学的改进和质量的提高。

第四，影响学生发展的因素是广泛的，不限于学校内部。学生进入校园以后，仍然直接或间接地受着社会和家庭的影响。尤其随着科技的发展、大众媒体的普及以及同喻文化、后喻文化的逐步形成，个体、社会及同伴群体对他们的影响作用也越来越大。这种影响有积极的，也有消极的。如何有效地发挥教师和学校的主导作用，协调各方面的关系，引导学生自觉抵制不良因素对自身发展的影响，是当代教师面临的一个重大课题。正因为学生与外界相互作用的关系是复杂的，没有一定的时空限制，所以教师的职业是对学生负责，无时空界限可言。

（2）示范性。

教育是培养人的活动。教育活动这一本质特点，决定了教师这一职业必然带有严格的示范性。所谓“教，上所施，下所效也”。师者，人之模范。教师这一职业与其他职业的最大区别就在于，教师的劳动对象是未成熟而又相对独立的人，并以自己的思想、学识、言行和人格，通过示范的方式去直接影响学生。我们知道，学生具有尊敬教师、乐于接受教师的教导、以教师为表率，即所谓的向师性的特点。特别是学生的模仿性更强，对教师有一种特殊的信任和依赖之情，教师在他们心目中有崇高的威信。教师的一言一行、道德风貌、行为习惯、个性特征等都会通过言传身教潜移默化地影响着学生。所以，教师必须严格要求自己，以身作则，时时处处用自己的积极行为去影响学生的行为，用自己的良好个性去影响学生的个性，用自己的正确态度去影响学生的态度，以便取得最佳教育效果。

（3）创造性。

教师这一职业，看似简单、平凡、琐碎，每天忙于备课、上课、作业批改、课外辅导、活动组织等，天天如此循环往复，没有变化。其实不然，教师工作是最富有创造性的活动。苏霍姆林斯基说过："教师创造性最重要的特征之一是他的工作对象，儿童经常在变化，永远是新的，今天同昨天就不一样，教师不可能采用循环往复的方法对待每届学生，不可能采用一成不变的方法对待每个学生而收到良好的教育教学效果。"正如马卡连柯所言："一般的说来，教育学是最辩证，最灵活的一种科学，也是最复杂，最多样的一种科学。"

教师这一职业的创造性，还表现在教育教学过程中，教师对各种突发情况所作出的及时反应、妥善处理的应变能力上，即教育机智。教育是一种心灵的碰撞，是情感的交融和呼应。在师生的交互作用中，教育情境往往是难以控制的，事先预料不到的情况随时都可能发生。教师要善于捕捉教育情境的细微变化，迅速机敏地采取恰当的措施，发挥自身的积极性、主动性、创造性，化不利因素为有利因素，使教育活动更加生动活泼、深入地发展下去。

（4）专业性。

从历史的发展角度出发，现代教师这一职业的专业化是一个历史过程，这一过程是随着国民教育制度重心由量的积累到质的提高的转移，而不断朝着专业化的方向迅捷发展。当然，教师这一职业与其他专业性职业相比较而言，又具有特殊性。教师从事的是培养人的活动，所面对的主要是形形色色、各具特点的学生。这就要求教师在"传道、授业、解惑"时具有崇高的人文精神，以人为本，关注学生的生存与发展，关注民族以及人类的现实生存境遇和未来发展的前景。

因此，我们说教师这一职业是一种专业性职业。这种专业性突出表现在教师对育人的崇高敬业精神和道德修养上，对教育教学专门化知识和技能的掌握和教育活动的自主权上。而这一点在我国现阶段并未得到真正的贯彻落实。固然学历达标是一个亟待解决的问题，但它仅仅是教师职业专业化的重要条件和基本内容之一，它并不能表明我国教师职业专业化的诸多特点均已具备。在我国现阶段，我们还要防止把教师职业的专业化仅仅理解为教师学科教育的训练和专业化的偏向。

（5）角色多样性。

不同职业的性质，使不同职业所扮演的角色、承担的职责都表现出不同的特点。教师职业是由于生产力的发展引起的脑力劳动和体力劳动的分工形成的，其特点反映时代变迁对教师的职业要求。一般来说，教师的职业角色主要有以下几个方面：

第一，传道者角色。教师负有传递国家和社会赋予的传统道德、价值观念的使命，“道之所存，师之所存也”。在现代社会，虽然道德观、价值观呈现出多元化特点，但教育和教师的道德观、价值观总是代表着居于社会主导地位的道德观、价值观，并用这种观念引导学生，因而教师的教育教学不能具有随意性。另外，教师对学生的“做人之道”“为业之道”“治学之道”等也有引导和示范的责任。

第二，授业、解惑者角色。教师是社会各行各业建设人才的培养者，他们在掌握了人类经过长期的社会实践活动所获得的知识经验和技能的基础上，对其进行精心加工和整理，然后以特定的方式传授给年轻一代，并帮助他们解决学习中的困惑，启发他们的智慧，形成一定的知识结构和技能技巧，成为社会有用的建设者。

第三，示范者角色。学生具有向师性特点，教师的言行是学生学习和模仿的榜样，教师作为成人世界的代表，其言论、行为、为人处世的态度对学生具有示范的作用，使学生受到潜移默化的影响。正如夸美纽斯所说，“教师的职务是用自己的榜样教育学生”。

第四，管理者角色。教师是学校教育教学活动的组织者和管理者，需要肩负起教育教学管理的职责，包括确定目标、建立班集体、制定和贯彻规章制度、维持班级纪律、组织班级活动、协调人际关系等，并对教育教学活动进行控制、检查和评价。

第五，朋友角色。在某种程度上，学生往往愿意把教师当做他们的朋友，也期望教师能把他们当做朋友看待。学生希望得到教师在学习、生活、人生等多方面的指导，希望教师能与他们一起分享欢乐与幸福，分担痛苦与忧伤。

第六，研究者角色。教师的工作对象是充满生命力的、千差万别的活的个体，传授的内容是不断发展变化着的人文、科学知识，这就决定了教师要以一种变化发展的态度来对待自己的工作对象、工作内容，要不断学习、反思、创新。

教师职业的这些角色特点，决定了教师职业的重要意义和重大责任，决定了对教师的高素质要求。

（6）职业形象的准公共性。

教师虽然不像政治家、演艺人员、社会公知人物那样是完全的公众性人物，但也在相当多的时候暴露于学生、家长、社区的注视之下，因此，教师必须要善于塑造并维护自己的积极形象。

（7）工作绩效的模糊性。

中学教师这一职业，虽然有着巨大的社会价值和独特的个人价值，但它又确有自身的特殊性，需要我们正确认识与对待。

第一，教师的职业价值具有模糊性。学生的成长与进步是多种因素综合作用的结果，人们很难准确地指出学生的变化具体是由哪方面的因素引起的，是遗传、家庭的影响，或是社会、教师的作用，还是个人努力的结果。正是这种模糊性，常常掩盖了教师职业的复杂性和繁重性。

第二，教师职业所创造的劳动价值具有明显的滞后性。教育不是一朝一夕就能见效的。教师价值的体现，要在学生进入社会并为社会作出贡献后才能最终得到体现。而一旦体现出来，教师及其劳动价值已成为过去，常常被人淡忘。

第三，教师职业所创造的劳动价值具有隐蔽性。教师所创造的价值，并不是以物化的形式表现出来的，而是作为一种潜在的价值因素存在于学生身上。因此，教师这一职业的价值，只有借助于学生对社会的贡献才能得到证明，而不能通过显示自己的职业价值及时显露出来。

正因为教师职业所创造的劳动价值具有模糊性、滞后性和隐蔽性的特点，所以教师的价值很难为人们所了解和充分认识。

6

中学生身心发展有哪些特点？

青少年是祖国未来的建设者，是中国特色社会主义事业的接班人，培养和造就具有高尚思想品质和良好道德修养的合格建设者和接班人，既是一项长远的战略任务，又是一项紧迫的现实任务。学生是祖国的未来，是国家的希望，关注学生的身心发展是教师的责任与义务，是国家培养人才的重要环节。

中学教师面对的是刚刚进入青春期的学生，青春期是一个既绚丽多姿又变幻不定的人生重要时期，从生理到心理、从思想到行为，学生都会发生巨大的变化，所以说青春期既是“危险期”也是“黄金期”，作为教师应认真加以思考。2012年教育部颁布的《中学教师专业标准》中关于教师对学生的态度与行为的内容，就要求教师“关爱中学生，重视中学生身心健康发展，保护中学生生命安全”。因此，教师应该了解中学生身心发展有哪些特点。

这一时期，学生无论在身体的形态、机能上，还是在脑和中枢神经系统的发育上，在肌肉力量和运动能力上，都发生着急剧的变化，外形、外貌以及外部行为动作也随之变化。特别是身体突然蹿高，体重迅速增加，神经系统的结构更加复杂、功能更加完善，学生的运动能力（如速度、耐力、灵活性等）增强，各种组织器官分别具有不同的结构和生理功能及结构与功能的相互制约，因而中学生的身体机能得以快速发展，并为他们的心理发展提供了基础。

总体而言，中学生的身心发展有如下特点：

（1）智力提高但自觉性较差。

中学生的智力水平进一步发展，观察力、记忆力、想象力增强，思维活跃，喜欢变化，好奇心强，求知欲强，具有巨大的学习潜力；记忆方式从机械记忆到意义记忆，并且由经验型转向理论型（主要表现在逻辑思维的组织性、敏捷性、灵活性、深刻性、批判性的发展上）；在面临问题时能够较快地从根本上抓住矛盾焦点，能够独立、批判地思考；对同学、老师、家长、书本有自己的认识和看法，喜欢争论和怀疑，敢于发表自己的观点，不迷信权威；有相当一部分学生学习的自主性差，缺乏学习动力，学习表现懒散；学生对流行时尚信息好奇心强，接受新事物的能力较快，但对基础知识、基本理论学习方面缺乏动力和自觉性；相当一部分学生课余时间很少投入到对学业知识的学习和巩固中，主要是看漫画、小说或闲聊、上网。

（2）对未来有理想但自信心不够。

学生处于充满理想和抱负的金色年华，理想是他们走向成功的先决条件，如果没有理想，就没有目标、方向。学生对未来世界有着强烈的好奇心，在学习、生活上表现有很强的上进心，但自信心不足、行动力不够。由于他们面临升学、社会化等选择，理想自我和现实自我的矛盾更为明显，同时随着自身体验的增加，生活中或是学习中给他们造成了自卑等负面情绪体验，自我评价比较消极，在日常学习生活中特别在乎他人对自己的看法和评价；在学习中也常常出现自己理想的学习成绩与目前状况之间的差距，希望尽快提高，但在学习困难面前又缺乏勇气和恒心；或因目标定得太高，在现实中却缺乏行动和恒心而不能实现，从而引起内心的冲突。

（3）善于利用网络资源但自我控制力较差。

当今社会是信息化的社会，计算机网络已成为人们工作、学习和生活不可或缺的工具。获取网络信息资源已是中学生成长最为常用的手段，这种方式在网络上开辟了中学生的另一种人际交往方式，对青少年的人际关系有着一些良好的影响；另外，接受过网络这一新鲜事物刺激的青少年，比没有接触过网络的青少年更有创新精神。但事物是二面性的，网络的使用既有有利的一面，也有有害的一方面，这主要表现为学生精力的分配上。一方面，上网占用了学生学习、休息的部分时间，造成学生学习压力大、时间分配紧张等情况；另一方面，部分青少年由于深陷网络的虚拟世界，以至于在日常学习生活中，如上课、休息等，也常常想着网上的内容，造成了精神不集中等状况。除此以外，学生的身体健康也受到了很大的影响，集中表现为视力大幅下降。

（4）社会情感日益丰富。

中学生的情感世界充满着风暴，常常表现出幼稚的感情冲动和短暂的不安定状态，孤独、优伤、激动、喜悦、愤怒微妙地交织在一起，组成一个强烈、动摇和不协调的情感世界。中学生的情感丰富、高亢而热烈，富有朝气、容易动感情，也容易被激怒，情感体验比小学生深刻。一方面强烈希望结交志趣相投、年龄相仿，能够相互理解、分享生活感受的知心朋友，另一方面，对自己周围的人尽量保持良好的关系，尤其是对自己所属的集体有强烈的归属感和依赖性，宁肯自己受点委屈，也要保持生活圈的平衡与协调。在与异性的交往中常常遇到困惑，由于社会阅历比较浅，生活经验不足，对于感情的处理简单化、片面化、理想化和浪漫化。

（5）自尊心强，情绪波动大。

中学生在挫折和失败面前，常表现出迷茫和动摇，并产生悲观、畏难等消极情绪。中学生的情绪深受自尊心的影响，中学生自我意识迅速发展，有着强烈的自尊心，很爱面子。取得成绩时，兴高采烈，沾沾自喜，甚至得意忘形；遇到挫折时，又会悲观失望，心灰意冷，甚至一蹶不振。自尊心强有积极的一面，如要求自己在学习中不甘落后，但也可能带来消极的影响，如在生活中比穿戴、讲排场等。由于强烈的自尊心，表现在情绪上，一旦自尊心受到威胁或伤害，中学生会产生强烈的不安、焦虑或愤怒，甚至为了维护自身的形象，对于别人的嘲笑、蔑视反应强烈，对于老师的忽视、压抑、不公平等对待非常敏感。

（6）道德观念增强。

中学这段时间是学生道德品质塑造的关键时期，中学生的道德观念伴随着道德认知的发展而加深。学生通过模仿、多次强化、有意识地练习渐渐形成一种认知。由于学生与社会接触程度不同，对社会敏感程度的差异，学生求知欲旺盛，模仿力、好奇心和虚荣心强，容易产生对立情绪、逆反心理，易受社会不良风气影响或教唆而误入歧途。从社会因素看，受社会不良风气与低俗观念的影响，尤其是“金钱万能论”“读书无用论”等历史遗毒，加之受西方等外来文化的影响，使当代中学生出现人生价值取向多元化和功利化倾向。这个时期是培养学生爱他人、爱家乡、爱祖国的最佳时期，也是学生养成守纪律、关心他人、尊敬师长、爱护公物、勤俭节约、不怕困难、勇于向上的良好道德品质和行为习惯的最佳时期。

（7）独立倾向明显。

中学生的精力充沛，好奇心强，任何事总想试一试，但他们的愿望与自己的实际能力是有很大的差距的。他们的独立性增强了，总想摆脱对教师和家长的依赖，总认为自己不是小孩子了，有事不愿和教师及家长交流，处于一种半封闭状态。这个时期的学生往往不如小学时期那么听话，喜欢顶嘴，听不得教师、家长的说教，不愿让父母进自己的房间，开始有自己的秘密了。随着年龄的增长，学生与社会交往增多，对家庭的依附性减少，要求独立，摆脱成人控制的思想情绪日益上升。因此，他们不满足于家长、教师及其他成年人对事物现象的描绘和解释，不轻信家长、教师和书本上的现成结论，喜欢独立探索事物的根源，喜欢怀疑、辩论，敢于发表自己的见解。这个时期的学生产生了强烈的“成人感”，独立自主性发展很快，他们极力想争取在家庭、学校和社会生活中的独立自主地位和新的权利，想充分发挥自己的作用。

但是，由于这一阶段的学生生理和心理的发展都还不够成熟，主观愿望和成人感与客观实际之间存在着很大的差距，各个方面对成人还有较大的依赖性，所以，中学生常处于独立性与依赖性相互矛盾的状态之中。

基于上述中学生身心发展的特点，教师应该关爱学生，帮助学生减轻心理压力，树立自信，培养和锻炼他们的意志，使他们为自己提出合乎实际的奋斗目标，为自己的理想而努力。

7

如何理解《教育规划纲要》的 20 字工作方针?

《国家中长期教育改革和发展规划纲要（2010—2020 年）》明确提出“优先发展、育人为本、改革创新、促进公平、提高质量”20 字工作方针，这是未来十年中国教育改革和发展的理论基础、行动指南。

（1）把教育摆在优先发展的战略地位。

当今世界，经济全球化深入发展，科技进步日新月异，国际竞争日趋激烈，知识越来越成为提高综合国力和国际竞争力的决定性因素，人才资源越来越成为推动经济社会发展的战略性资源，教育的基础性、先导性、全局性地位和作用更加突出。

世界上后发国家追赶先发国家的“教育先行”的重要战略，为我国教育发展战略提供了借鉴。19 世纪后期以来，在世界经济发展史上曾先后出现了三次现代化后进国追赶先行国的范例，分别是美国、日本和韩国。他们分别用短短 30～40 年的时间走过了西欧资本主义国家一百多年的发展道路，创造了三次成功的经济追赶的历史奇迹。他们之所以能够实现成功赶超，与这些国家的教育竞争力的提高有着直接的关系：美国赶超英国的初期（1871 年），人均 GDP 相当于英国的 75.3%，而教育已相当于英国的 88.3%；日本追赶美国的初期（1953 年），人均 GDP 相当于美国的

19.6%，而教育已相当于美国的80.8%；韩国追赶西欧的初期（1965年），人均GDP相当于西欧的24.3%，而教育已相当于西欧的58.3%。这些国家的发展历史表明：只有把教育和人力资源开发放在优先发展的位置，加大全社会的投入，实施“教育先行”追赶战略，才能有力地支撑经济发展，才能实现后发国家赶超先行国家的目标。

中国的未来发展、中华民族的伟大复兴，归根结底要靠人才，而人才培养的基础在教育。教育是提高人民思想道德素质和科学文化素质的基本途径，是发展科学技术和培养人才的基础工程。大力发展教育事业，是发挥我国人力资源优势、建设创新型国家、加快推进社会主义现代化的必然选择。

（2）把育人为本作为教育工作的根本要求。

育人为本是“以人为本”在教育工作中的集中体现，育人为本是教育工作的根本要求。它强调的是学校要把人才培养放在首位，要为学生的全面发展服务，通过为学生的全面发展服务来激励学校为社会发展服务；要求学校把培养德智体美全面发展的社会主义建设者和接班人放在一切工作的首位，作为一切工作的出发点和落脚点。

人力资源是我国经济社会发展的第一资源，教育是开发人力资源的重要途径。当今世界的竞争焦点是人才的竞争，人力资源日益成为国际竞争的第一战略资源。作为发展中的大国，我国能否在激烈的综合国力竞争中掌握主动权，关键在于创新人才的培养和人力资源的开发。改革开放三十多年来，我国实现了从人口大国向人力资源大国的转变，但还不是人力资源强国；我国的创新型人才特别是拔尖创新人才培养还不能适应经济社会发展的紧迫要求，作为担负知识创新任务的学校对现代化事业的知识贡献还不够。日趋激烈的国际竞争、全面建设小康社会的新要求、人民群众的新期盼以及教育进入新的发展阶段的新特征，都对教育和人才培养提出了新的更高的要求。

育人为本是教育的生命和灵魂，是教育的本质要求和价值诉求。育人为本的教育思想，要求教育不仅要关注人的当前发展，还要关注人的长远发展，更要关注人的全面发展；不仅要关注被育之人、育人之人，还要关注所服务之对象——国家和人民，为国家服务、为人民服务，不断满足国家和人民群众的需要。人的发展既包括人自身的发展，也包括社会为人的发展所提供的条件。育人为本教育思想的实质，就是坚持以人的全面进步和发展为本，把人作为社会主体和中心，在社会发展中以满足人的需要、提高人的能力、提升人的品质、实现人的全面发展为终极目标；就是重视人本身的发展，将个体的全面发展与个性发展统一起来，将个体的人文精神与科学精神的养成统一起来，使之能够在复杂多元、快速多变的社会环境中正确进行知识选择和创新。

（3）把改革创新作为教育发展的强大动力。

国运兴衰，系于教育。教育是知识创新、传播和应用的主要基地，也是培育创新精神和创新人才的摇篮。发展教育事业，必须走改革和创新之路。教育事业发展的生机活力在改革开放，因此，推动教育事业科学发展必须坚持改革创新。有改革才有进步，有创新才有跨越式、超常规的发展。改革创新既是教育发展的历史命题，也是教育发展的未来趋势；改革创新既是教育发展的时代话题，更是教育发展的永恒主题。

改革创新体现了当代中国的时代特点，是教育事业科学发展的根本途径和不竭动力。改革开放三十多年来，教育事业取得了巨大发展，最根本的原因在于我国坚持改革开放。我国教育已站在新的历史起点上，面临着重大的发展机遇和挑战。与经济体制改革相比，我国社会事业改革相对滞后，教育还不能适应经济社会发展的要求、不能适应国家对人才培养的要求。教育观念相对落后，内容方法比较陈旧，中小学生课业负担过重，素质教育推进困难；学生适应社会和就业创业能力不强，创新型、实用型、复合型人才紧缺；教育体制机制不活，学校办学活力不足；教育结构不尽合理，城乡、区域教育发展不平衡，贫困地区、民族地区教育发展滞后；教育投入不足，教育优先发展的战略地位尚未完全落实。因此，要解决教育发展中面临的诸多问题，实现教育事业的科学发展，必须深化改革，进行制度创新。

第一，教育创新是观念的创新。要实现新时期教育改革的目标，我们必须树立正确的教育观、人才观、质量观，着眼学生的终身发展，转变不利于培养学生创新精神和创新能力的教育观念、教育模式，特别是教师单向灌输知识、以考试分数作为衡量教育成果的唯一标准的做法以及过于呆板划一的教育教学制度。

第二，教育创新是体制的创新。在办学体制上，实现政府办学为主，公办、民办学校共同发展的办学新体制；在投资体制上，继续加大政府投入的同时，大力吸引社会投入和重组教育资源，探索符合社会主义市场急切要求的新的投入机制；建立教育成本分担机制，探索教育产业运行机制。

第三，教育创新是管理创新。要进一步明确各级政府对教育的管理权限和职责，逐步理顺政府、学校和社会之间的关系，依法落实学校办学自主权，深化学校内部管理体制改革。

第四，教育创新是人才培养模式创新。要建立新的课程教材体系，基础教育要形成具有选择性、拓展性、灵活性的课程结构和课程标准，实现国家课程、地方课程和学校课程的有机结合；改革招生考试制度；建立高中同等学力认证制度；完善继续教育制度，逐步建立终身教育体系。

教育改革创新是一项涉及社会方方面面的系统工程，牵一发而动全身，必须注重系统设计、整体推进和配套实施。要把改革创新精神贯彻到教育工作的各个方面，贯彻到教育教学的各个环节，始终不渝地坚持改革开放，为教育发展提供动力、增添活力。

（4）把促进教育公平作为国家基本教育政策。

教育公平是社会公平的重要基础，是社会公平重要的组成部分，也是其他公平的前提和基础，是保障人的发展起点的公平。因此，教育公平是重要的社会公平，是体现社会公平的一面旗帜，没有教育公平，就谈不上社会公平。教育公平对于推进社会公平具有重要作用。

第一，教育公平是社会公平的起点和基础。教育公平对于促进经济公平、就业公平同样意义重大。当今时代，劳动这一生产要素在参与分配中的作用更多地取决于劳动的质量。劳动质量的提高又在很大程度上取决于教育。因此，改善低收入人群的教育状况，就成为在结果上缩小收入差距的一个重要前提。通过教育可以提升人的生产能力，促进就业，带来社会公平，促进社会稳定与和谐。

第二，教育公平是社会公平的核心环节。教育公平是一定社会给予全体社会成员自由、平等地选择和分享公共教育资源的一种权利和发展状态。它为每个人提供相同的充分发展的机遇，让每个人内在的潜质充分展现，从而为构建和谐社会创造必要的条件。教育公平是社会公平的重要内容，是社会公平在教育领域的延伸，也是社会公平的基础和核心环节。坚持用科学发展观统领教育工作全局，努力促进教育的公平公正，使教育事业发展惠及更广大的人民群众。

第三，教育公平是实现和谐社会的重要途径。教育公平是和谐社会的重要内容。社会主义和谐社会是一种公平正义、民主法治、诚信友爱、充满活力、安定有序、人与自然和谐相处的社会。包括教育公平在内的社会公平是和谐社会首要的、内在的、基本的内容。没有或者缺少公平正义的社会谈不上是一个正常的社会，更谈不上是一个和谐的社会。有了教育机会的均等，有了教育过程的公平，有了教育质量的公平，社会弱势群体才有可能与社会其他阶层在同一起跑线上起跑，才有通过知识改变命运的可能，社会各阶层才能有正常流动、分化的可能。只有依靠正常的阶层流动，社会各个阶层、各个群体之间保持相互开放及平等的阶层流动，社会各个阶层、各个群体之间保持相互开放及平等进入，各个群体和阶层之间才能够实现互利互惠。

教育涉及千家万户，惠及子孙后代，是当今社会最受关注的民生问题。促进教育公平是人的全面发展和社会公平正义的客观要求，是教育为人民服务宗旨的具体体现。促进教育公平，最大限度地保障人民群众公平接受教育的权利和机会，是我国教育改革发展的战略重点之一。

（5）把提高质量作为教育改革发展的核心任务。

质量是教育发展的生命线。增强质量意识，在加快教育发展的同时，把提高质量作为头等大事来抓，并向高水平方向努力，才能赢得社会的认可，从而促进教育事业持续健康地发展。

提高教育质量是建设人力资源强国的关键环节。提高教育质量是面对建设人力资源强国的新形势、面对人民群众接受优质教育的新期盼的战略选择，反映了教育发展的内在要求，是办好人民满意教育的迫切要求。教育质量是教育的生命线，只有拥有一流的教育才能有一流的人才、一流的事业、一流的国家。目前，我国已经从人口大国转变为人力资源大国。但是与人力资源强国相比，我国的教育质量和人才培养水平还不高，学生的创新精神和实践能力还不强。全面提高教育质量，培养更多更好的创新人才，是建设人力资源强国的迫切任务。

提高教育质量是新世纪世界教育总的价值取向，世界各国都把提高教育质量放在教育发展的首位。2001 年美国国会通过了布什政府提交的名为《不让一个孩子掉队》的法案，2006 年又宣布了《美国竞争力计划》；奥巴马上台以后延续了美国近三十年来教育改革对于“质量”的诉求，积极地推行“教育新政”，借助《美国复苏与再投资法》史无前例地向教育领域投入了一千多亿美元，全面提高美国从学前教育到高等教育的教育质量。法国 2004 年提出了《为了所有学生的成功》的纲领性文件，要求学校应该用对社会和成功的个人不可缺少的知识、能力和行为来培养所有公民，使每个人能最大限度地施展其才智。英国 2008 年成立了国家卓越教育委员会，提出要建立世界一流的教育体系。日本近年来也在检讨轻松教育的政策，对教育质量提出严格的要求。

提高教育质量体现了时代的要求。当今时代，科学技术日新月异，社会变革十分剧烈，无论是国家还是个人，只有掌握人类创造的基本知识并不断更新，在此基础上发展个人的才智能力，才能立于不败之地。因此，像我们这样一个教育发展极不均衡的发展中国家，更要把普遍提高教育质量放在重中之重的位置。

8

如何理解“把促进学生健康成长作为学校一切工作的出发点和落脚点”？

“把促进学生健康成长作为学校一切工作的出发点和落脚点”是《(国家中长期教育改革与发展规划纲要（2010—2020年)》工作方针“育人为本”中的重点内容，就是要以学生为主体，以教师为主导，充分发挥学生的主动性。

以学生为主体是我国各类学校教育改革的根本任务，也就是说学校教育要以学生全面发展为根本，要以学生全面素质的提高为根本。由于受各方因素的影响，我国各类学校普遍存在以“育知”为本、以“育分”为本(即以传授知识为根本任务，以获得高分为根本目的）的现象。以传授知识、抓好考试为己任，似乎只要传授知识、教完一门课就完成了任务，认为传授的知识越多，学生考试分数越高，教育质量就越高，因而导致学生学习负担越来越重。为了考取高分，从幼儿园、小学就展开了知识学习上的激烈竞争，忽视了以育人为本、以人的全面发展为本。教师在教学中是见书不见人，教书不育人；学校评价学生的标准主要看分数，看学习成绩；评奖学金、评优秀生、升学也是以考试分数为依据。总之，在“育知”“育分”上下功夫，而不是在“育能”“育人”上下功夫，这种重才轻人，重育才轻育人，把知识等同于人才，把传授知识等同于育人的人才观、教育观是片面的、有害的。

以学生为主体，在教育发展中就要既尊重教育规律，更尊重学生成长成才规律，让每个人都有机会获得优质的教育，同时充分考虑不同孩子的个性发展需求。以人为本的教育应该是能够体现多样性、个性化和特色化的教育，能为每个不同家庭背景、不同智力水平、不同性格和志向的学生提供与之相适应的学习和成才机会。要把促进学生健康成长作为学校一切工作的出发点和落脚点，关心每个学生，促进每个学生主动地、生动活泼地发展，为每个学生提供适合的教育。

以学生为主体就是要“一切为了学生，为了学生一切，为了一切学生”。这不仅应该是一所学校的办学理念，更需要具体体现和落实到教学上，就是要改变以教师为中心的教学观，树立以学生为主体的教学观，发挥学生的主观能动性。

促进学生健康成长，就是要让学生全面地、主动地、活泼地得到各方面发展，这就要求教育者必须在教学活动中时时处处以学生为主体。

（1）在课堂教学的教学目标设计上以学生为主体。

在教学目标设计上体现以学生为主体的思想，就必须考虑通过一定的教学活动，学生内在的能力、情感等可能出现的变化，为促使学生发生这些变化应该让学生做些什么以及如何做。这就体现出教案与学案必须合一设计，但应以学生为主体，体现教学相长，“怎么学”应与“怎么教”放在一起同步设计，这种符合教学规律的立体化的教学方案，其具体做法可以有以下几点：第一，知识要点要图表化，以图表的形式系统归纳梳理各节知识，以此作为文化素质的基石。第二，以方法、思路作为主线，以问题和例题形式引导学生将各知识点串联起来，构建知识框架和支撑。第三，围绕教学目标，根据认知规律，选择精当的训练题，突出知识的掌握与能力的提高，两者循序渐进、相辅相成。第四，教与学相互联系，相互促进。构建点、线、面的立体教学，涵盖相关知识的教学学法设计，抓住重点、难点的讲练编排，使学生的学习生活充满着鲜活和翔实的内容。这样才能使学生掌握基础知识，同时提高综合能力。与此同时，还应注意教学目标设计的具体性，使目标在实施过程中是可控的，目标的达成也是可测的，以此做到课堂教学的预见性、针对性。

（2）在课堂教学的时间安排上以学生为主体。

传统的教学以班级授课制为主，教学过程以注入式为主，以教师为主，教师或一讲到底，滔滔不绝，或一问到底，或以问代讲，有时甚至自问自答。在这样的情境下，学生的思维自始至终都在教师的语言轨道上运行，成为“听客”和“看客”，而不能成为课堂教学的参与者。这就使学生的主体地位失落，积极性下降，导致学生在课堂教学中唯命是从，更谈不上大胆质疑，挑战权威。

“育人为本”下的素质教育强调培养学生的主体意识，发展学生的主体精神。在课堂教学中实施素质教育，就要求教师将“讲堂”变成“学堂”，在课堂上应多给学生学习的思考时间，让学生成为时间的主人。因此，课堂上要多给学生练习的时间，就是要求教师在“导”字上下工夫，在“精”字上动脑筋，把主要精力和时间放在激发学生的学习兴趣上，放在学生学习、讨论、交流时对学生适时、适度的点拨和指导上，这样才能发展学生的智力和创造力，才能把重心由“教”转到“学”的方面，从教学生“学会”转到教学生“会学”，才能使学生获得独立自主地去探求和掌握新知识的本领，使学生始终处于自觉、积极的学习状态中。实现以教师为中心的被动接受式教学向以学生为主体的主动参与式教学的转变，以记忆为主的机械学习向深刻理解的意义学习转变。

（3）在课堂教学的组织形式上以学生为主体。

传统的教学中，学生处于被动接受的状态，很少能有自主学习、自由讨论的组织形式，这种刻板、拘束的学习氛围无疑成了学生学习的枷锁。要改革这种现状，实施素质教育，教师必须在课堂教学中把学习的主动权交给学生，全班划一的学习活动可以转化为学生个体的读读、圈圈、做做、同桌议论、小组讨论、全班交流，甚至走出课堂，实现学生从“配角”到“主角”的角色转换，以此促进学生学得生动，学得投入，真正做到成为学习的主人，真正实现学生生理、心理的健康发展，塑造良好的个性特征。

（4）在课堂教学的教学过程中以学生为主体。

教学过程中，要真正做到以学生为主体，教师就要“因学施教”，以“教”导“学”，要积极实行启发式、交互式的教学。课堂教学中，教师的引导要有利于学生发现、提出问题，发表自己的观点、看法；要有利于学生求异思维的发展；要有利于学生个性特征、特长、爱好的发展。同时，在课堂教学中，教师应把“评价权”交给学生，用“你认为他说得对吗？为什么”“他这样回答问题全面吗？为什么”等问题，把学生推上“评判席”，促使他们在课堂教学中专心听、认真想、大胆说。通过学生相互争议、相互评价，激发学生学习的兴趣，加深学生对疑难问题的理解，增强他们的思辨能力。

9

社会主义核心价值体系包括哪些内容?

“社会主义核心价值体系”是党的十六届六中全会首次明确提出的一个科学命题。社会主义核心价值体系在中国整体社会价值体系中居于核心地位，发挥着主导作用，决定着整个价值体系的基本特征和基本方向。社会主义核心价值体系的基本内容并不复杂，它由“统一指导思想、共同理想信念、强大精神力量和基本道德规范”四个主要部分构成。具体表述为：马克思主义的指导思想、中国特色社会主义共同理想、以爱国主义为核心的民族精神和以改革创新为核心的时代精神、社会主义荣辱观。

(1) 马克思主义指导思想。

马克思主义指导思想，是我们国家发展、民族复兴的精神源泉。马克思主义是科学，它始终严格地以客观事实为根据，随着时代、实践和科学的发展而不断发展。马克思主义是我们立党立国的根本指导思想。在我国社会主义核心价值体系建设中，马克思主义为我们提供了正确的世界观和方法论，提供了正确认识世界和改造世界的强大思想武器。只有用马克思主义的立场、观点、方法来正确认识经济社会发展大势，正确认识社会思想意识中的主流与支流，才能在错综复杂的社会现象中看清本质、明确方向。

我们坚持马克思主义，是坚持发展着的马克思主义。在历史和现实中，马克思主义与中国革命、建设和改革的具体实践相结合，实现了马克思主义中国化的两次飞跃，形成了毛泽东思想和中国特色社会主义理论体系。中国化的马克思主义，是全党全国各项工作的根本指导思想。实践证明，只有坚持用发展着的马克思主义武装全党、全国各族人民，才能真正发挥马克思主义认识世界和改造世界的强大思想武器的作用，马克思主义才能真正成为我们的行动指南。

（2）中国特色社会主义共同理想。

中国特色社会主义共同理想，就是全国各族人民在党的领导下，坚定地走中国特色社会主义道路，实现中华民族的伟大复兴。

理想是一个民族、一个社会的灵魂所系。马克思主义对理想问题作了科学阐述，把理想问题与人类历史发展规律内在地联系起来，使人们对理想问题有了更为科学的把握和自觉的认识。以马克思主义为指导的中国共产党人，始终坚持崇高的理想，坚持理想主义与现实主义相结合，使崇高理想成为我们党、我们民族精神生活中不可或缺的一部分。这个共同理想，回答了未来中国向何处去的重大问题，指明了中国社会发展的光明前景，是当代中国发展进步的根本方向。而当今中国，不同的社会阶层、不同的利益群体，有着利益追求方面的差异，但是，中国特色社会主义道路是实现民族整体利益唯一正确的道路，实现中华民族伟大复兴是全民族的核心利益。这一共同理想凝聚了全国各族人民追求幸福生活、希求国家强盛的共同愿望，是最广大人民的根本利益的集中体现，是全体人民志愿共同为之奋斗的伟大目标。

（3）以爱国主义为核心的民族精神和以改革创新为核心的时代精神。

以爱国主义为核心的民族精神和以改革创新为核心的时代精神，是历史和现实凝聚而成的，是鼓舞我们中华民族蓬勃向上、走向繁荣富强的精神力量。民族精神和时代精神是一个民族赖以生存和发展的精神支撑。一个民族，没有振奋的精神和高尚的品格，不可能自立于世界民族之林。以爱国主义为核心的民族精神，是我国传统文化的灵魂，是我们中华民族的生命力、凝聚力和创造力的不竭源泉。在五千多年的历史发展中，我们中华民族形成了以爱国主义为核心的团结统一、爱好和平、勤劳勇敢、自强不息的伟大精神，爱国主义深深植根于中华民族精神之中。中国共产党是中华民族精神最好的弘扬者，并在此基础上不断树立适应时代需求的时代精神。中国共产党领导中国人民革命的过程中所表现出来的革命精神，严守纪律和自我牺牲的精神，大公无私和先人后己的精神，压倒一切敌人、压倒一切困难的精神，坚持革命乐观主义、排除万难去争取胜利的精神，也都是在汲取传统文化养分的基础上，由中国共产党人在波澜壮阔的革命实践中提炼出来的。改革开放以来，中国共产党勇于探索、大胆改革创新的精神是中华民族自强不息民族精神的延续、继承和发展，充分体现出“因时而变”、“与日俱进”、开拓进取的时代精神。在走向复兴的新时期，我们的社会要适应世界经济全球化、国际政治多极化和世界范围科学技术日新月异不断发展的历史趋势，适应国内经济社会发展的新要求和人民群众的新期待，就必须不断改革体制机制，转变经济发展方式和社会管理方式，推动科技创新、体制创新、制度创新和其他各领域的创新，使改革创新成为我们时代的突出标志，成为构成我们民族精神肌体的重要细胞。

（4）社会主义荣辱观。

社会主义荣辱观，是社会主义核心价值体系的基础，是我们社会思想道德的基本规范，是公民日常行为的基本准则，是社会主义核心价值体系中最具有实践操作性、最鲜明地体现核心价值体系社会功能的部分。源远流长的我国传统道德文化是社会主义荣辱观的根基，如孔子在《论语》中就提出“知耻而后勇”。古人更有“礼义，治人之大法；廉耻，立人之大节”的论说。近代人龚自珍说：“士皆有耻，则国家永远无耻；士不知耻，为国之大耻。”这些论述均反映出我们中华民族强烈的耻感意识，正是这种意识，才使我们中华文明能维系、昌盛数千年。

我们中华民族在漫漫的历史长河中，逐渐发展形成了具有鲜明特性的道德文化、哲学思想、价值观念和行为规范。我国的传统道德思想，从夏商周到唐宋明清，异彩纷呈，层出不穷。其中的精要可简略地归纳为“仁、义、礼、智、信、忠、孝、廉、耻、谦”，这些传统道德思想要求人们“要仁爱济众，不要恶意向人；要重义轻利，不要见利忘义；要守礼修身，不要无理莽撞；要睿智博学，不要孤陋寡闻；要诚实守信，不要失信于人；要忠人端直，不要叛逆奸行；要循孝敬老，不要目无尊长；要廉洁自爱，不要贪赃枉法；要知耻向义，不要寡廉鲜耻；要谦虚谨慎，不要专横跋扈”，等等。社会主义荣辱观，以“八荣八耻”为主要内容，正是对中华民族传统道德文化的现代诠释，这“八荣八耻”涵盖了政治、法律、经济、社会生活各个领域，从荣与辱的对比、对立中划定了社会主义道德的基本框架，成为我国人民日常生活的基本准则。

总之，社会主义核心价值体系四个方面的基本内容，相互联系、相互贯通、有机统一，共同构成一个完整的价值体系。马克思主义是意识形态范畴内起主导作用的思想指南；中国特色社会主义共同理想是社会理想范畴内占主体地位的价值目标；以爱国主义为核心的民族精神和以改革创新为核心的时代精神是社会精神范畴内占主体地位的价值内容；社会主义荣辱观是社会价值范畴内占主体地位的价值标准。这几项基本内容之间相互联系、紧密结合，共同构成了一个层次分明、内涵丰富的社会核心价值体系。

10

中学教育如何践行社会主义核心价值体系？

教师是人类灵魂的工程师，具有崇高的使命。教师是一种古老而永恒的职业，自从有了人类社会就有了教育，随着文字的产生和学校的出现，就有了从事教育活动的知识分子，并由他们承担着人类文化的传递和新一代的培养任务。《中华人民共和国教师法》第三条明确规定：“教师是履行教育教学职责的专业人员，承担教书育人、培养社会主义事业建设者和接班人、提高民族素质的使命。”

教师具有传递文明的重要职责。纵观教师在人类社会发展中的作用就会发现，教师自始至终都担负着传播人类文化知识，促进社会文明进步的重要职责。人类通过生育传递生命，通过教育传递文明。教师闻道在先，知之较多，并且具有一定的教育经验和技能，因而可以在一定时间里将人类积累起来的科学文化知识通过一定的方式方法传授给学生，使人类的优秀文化成果得以总结和世代相传。教师通过自身的劳动，不仅促进社会发展进步，而且也促进学生个体得到全面和谐的发展。

青少年学生最需要教师的引导。教师施教的对象是学生，他们都是正处于发展过程中的青少年。学生们不是成人的雏形，而是具有身心不稳定特点的、可塑性极强的个体和群体。他们在生理上和心理上所展现出来的各种特征并没有达到发展的顶峰和终极，还都处在不断变化和趋向于成熟的过程中。这就意味着，学生具有较大的发展潜能和很强的可塑性。也正是由于青少年学生各方面发展的可塑性，获得成人的教育和关怀就成为他们发展中的必然需要。在知与不知、知多知少的矛盾中，学生处于闻道在后、知之较少的一方，这就决定了教师在其发展中起作用，而且是起主导作用。

可见，崇高使命、重要职责以及学生的需要，都说明作为学校教育实施者的教师，在推进社会主义核心价值体系融入国民教育全过程中发挥着重要的作用。作为中学教师，受教者多为青少年，看似社会主义核心价值体系很难在日常工作中开展。那么，中学教师该怎样践行社会主义核心价值体系呢？

（1）要立德树人。

中学教师要用社会主义核心价值观武装自己，树立用社会主义价值体系从事教育工作的信念和信心，以此实现教师立德树人的根本任务。因此，中学教师应深入学习社会主义核心价值的基本内容，明确社会主义核心价值体系对于建设社会主义制度、发展国家经济、维护国家长治久安的重要意义，并坚持用马克思主义中国化最新成果武装自己，努力形成在“发展着马克思主义”指导下的新的实践的自觉性，这也要求教师要自觉遵守爱国守法、明礼诚信、团结友善、勤俭自强、敬业奉献等基本道德规范。

具体体现在：教师的思想境界要高，要有奉献精神，品行要端正，思想上要能与时俱进，要有高尚的职业道德；在思想上要树立正确的人生观、世界观、价值观；要树立为党和国家培养现代化建设人才的远大理想，忠诚于党的教育事业，全面执行党的教育方针，立德树人、关爱学生、严谨笃学、淡泊名利、自尊自律；坚守教师岗位，以学生为本、任劳任怨、以身作则、身体力行，不计较个人得失，把心思用在教学上；尊重学生、理解学生，以高尚的人格、品行去影响学生，以人格魅力和学识魅力教育感染学生，做学生健康成长的指导者和引路人；使学生在潜移默化中受到影响，做一名受学生尊敬、爱戴、欢迎的高素质教师。

（2）要有渊博的知识储备。

必备的专业知识与专业能力，是教师胜任本职工作的基础，也是现代教师最重要的素质，是教师发挥作用的武器。

教师的知识是一个含有多层次、多类型、多方面内容的复合结构体系。从专业知识角度来看，主要包括本体性知识（本学科知识）、条件性知识（教育科学知识）、实践性知识和一般文化知识（通用知识）。教师的专业能力是一种特殊能力，它是教师从事教育教学活动所需的职业技能技巧的总称，它包括了教育教学能力、交往能力、组织管理能力、课程开发与创新能力和自我反思与教育研究能力。

合理的职能结构是教师教书育人能力形成的基础。教书育人既是教师的主要任务，也是把社会主义核心价值体系融入国民教育的全过程中的一种手段。教师应具备扎实、深厚、精湛的业务功底，教学方法和手段不断更新，敢于创新；刻苦钻研教材，不断提升业务，博学笃才，知识领域广阔，善于引导学生，能很好地把握教材的难点、重点，语言表达清晰、简练、深入浅出；传道授业，以博学多才的知识魅力去感染、引导、启发学生，激发学生的学习兴趣和学习动力。

教师应当明确教书与育人是两个密不可分的过程，充分认识到书能育人、教书的人能育人、教书的活动能育人，自觉地把育人贯穿于教学的全过程，通过自己的每一次教学活动，让学生从心灵深处受到社会主义核心价值体系的熏陶。

（3）要因材施教。

传统的教学中，一方面教学被看成是单纯传授知识的手段，另一方面学生往往被简单地看做知识的接受者，始终处于一种被动的地位。在这种观念的指导下，教师往往从自己的主观愿望出发，无视学生的主体性，孩子们无法体验到学习的快乐，始终处于一种被动状态中，其发展也就自然受到限制，这是不利于学生树立社会主义核心价值体系的教学。

教师要认识青少年的基本属性，认识到青少年也是具有独特性、生成性、自主性的人，是整体的人，是生活世界的人，是文化中的人。只有通过反思以往的实践行为，摒弃传统意义上的“转移注意力”、“讲大道理”、“强调成人感受”等不恰当做法，发现教学中存在的问题，认识到青少年的基本属性，教师才会尊重其主体性，才会深入实际，研究、了解青少年实际，理解青少年的生命世界；才会采取有效措施，帮助青少年发展社交技能；培养青少年的情感与品质，培养青少年的同情心及乐于助人的品质、尝试的勇气、避免抱怨，帮助他们克服心理上的挫败感。

11

中学教师如何提高实践反思能力?

反思也叫反省，它是认识主体对已发生过的认识返回去再认识的过程。教学反思，是教师对自己已完成的教学实践活动有目的地进行审视，作出理性思考，并用以指导日后的教学。我国著名教育家李镇西说:“对一个教师来说，推动其教育事业发展的应该有两个轮子，一个叫做‘情感’，一个叫做‘思考’。教育情感使他热爱孩子，忘我地工作，并从中体验到奉献的自豪；教育思考使他明确自己的教育方向，科学而理性的设计、实施自己的教育，同时不断地总结、提炼、升华自己的教育实践。”这里，李老师提到的“教育思考”，其实就是“教学反思”。

但在我们的教学实践中，对于教学反思我们常常是口头说的多，记录整理的少；反思教师自身的多，反思学生表现的少。这样就导致了教学反思流于形式，效果不好，对教师的专业成长没有起到太大的作用。究其原因，就是因为我们的很多教师缺乏一定的实践反思能力。那么，教师如何才能提高实践反思能力呢?

(1) 明确提高教学实践反思能力的意义。

实践反思能力是指教师在教育教学活动中，将教学活动作为意识的对象，不断地对自我及教学进行积极主动的计划、检查、评价、反馈、控制和调节的能力。

在我们的教学中，很多教师对教学实践反思意义的理解存在诸多误区，没有引起应有的重视。一个教学片段、一堂课、一句话、一个动作等都能引起我们反思。只要我们处处留心、事事关心，在教学反思上一定会大有作为。教学反思，人人可以为之，人人都要为之，只不过许多教师审视、思考多，记录、整理少，这样就不能发挥教学反思应有的作用。做好教学实践反思至少有如下好处：

第一，发现不足，查找原因，寻求改进办法，使教学日臻完善、不断提高。以备课为例：备课是课前思考，是上好一节课的前提。如果把备课与反思放在一起来思考，那么我们不难看出反思与备课的关系——对过去教学的反思可以为日后的备课提供强有力的支持，所谓“常教常新”，不思何来创新？由此可见，教学反思是备课的智慧源泉。

第二，将教学中的“灵光闪现”进行总结和反提炼，使之成为稳定的理性行为，使教学过程更加的精彩纷呈。

第三，通过对学生的学习表现的反思，可以更好地了解学生，使师生更好的进行有效沟通，师生关系更加融洽，达到增强教学活动的针对性和互动性的目的。

第四，通过对自身教学行为的剖析，可以更加理性地认识自我，更有效的选择适合自己的教学方法和手段。

第五，教学反思可以有效地提高教师的教学研究能力。

（2）提高教学实践反思能力的基本方法。

第一，在教学实践中提高教学反思能力。

课堂教学历来被称为“遗憾的艺术”。教案初成，往往难以发现毛病；下课之后，教学设计的疏漏不找自现。再优秀的教师，再成功的教学，也难掩瑕疵，所以教师必须对自己的课堂教学进行自我反思。教师在每一堂课结束后，要进行认真的自我反思，思考哪些教学设计取得了预期的效果，哪些精彩的片段值得仔细“咀嚼”，哪些学生的问题让你措手不及，哪些教学环节还需改进，等等，同时在思考的过程中要注意随时记录：

①教学成功的经验。每一节课都会有精彩的片段，教师要学会做有心人，在教学的过程中，要坚持把教学中的成功、精彩之处记录下来并长期

积累。长此以往，教学经验自然日益丰富，有助于教师提高自己的教学水平。

②教学失败的原因。在教学过程中，不管教学设计多么完美，在教师的施教过程中，也不可能十全十美，有时可能还会出现知识性错误等。如果出现这种情况，教师在课后要静下心来，认真思考、仔细分析、查找根源、寻求对策，以免重犯，使教学日趋完善。

③学生活动的情况。教师要善于观察和捕捉学生的反馈信息，把学生在学习中遇到的困难和普遍存在的问题记录下来，以利于有针对性地改进教学。同时，学生在课堂上发表的独到见解，可能会拓宽教师的教学思路，对此教师应及时记录在案，师生互相学习，可以实现教学相长。

第二，在理论学习中提高教学实践反思能力。

新时代、新背景下的教师要积极地学习和研究先进的教育教学理论，并在教学活动中自觉地运用理论知识来反思自己的教学实践，指导自己的教学活动，在学习中深刻反思，认真消化，并及时付诸实践。先进的理论往往能让我们感觉到“山穷水复疑无路，柳暗花明又一村”。没有深厚的教学理论素养和丰富的知识储备，是不能登堂入室、达到高屋建瓴的教学境界的。苏霍姆林斯基就这样要求他的教师：“读书，每天不间断的读书”，“不断补充其知识的大海”。他认为，“这样，衬托学校教科书的背景就宽了”，课堂教学效率的提高就更明显了。

第三，在互相借鉴中提高教学反思能力。

教师之间，多开展相互听课、观摩活动，不但可以避免闭目塞听、孤芳自赏而成为“井底之蛙”，而且还能够站在“巨人的肩膀”上高瞻远瞩。只要有可能，不要放过一切听课的机会，不要放过听课过程中的一些细节。除了要多争取观摩别人的课堂教学，还要研究特级教师、优秀教师的教学实录，从课堂结构、教学方法的选择、语言表达、板书设计、学生情况、教学效果等各方面，客观、公正评价其得失。教师对所听的每一节课都要进行研究、思考、探讨，并用以反思自己的教学，进行扬弃、集优、储存，从而走向创新。

第四，在新课程标准下进行反思性学习，提高教学实践反思能力。

反思性学习是新课程背景下倡导的一种重要的学习方式。它充分反映了新课程改革的核心——以学生为本，以学生的学为本，以学生的发展为本。面对新课程下的学生反思性学习，教师应该成为反思型教师，将自己的教学活动作为认知的对象，对教学行为和教学过程进行批判的、有意识的分析与再认识。关注认知过程，倡导探究性学习和教师的行动研究，是对经验型教师依赖于经验和技术主导的课堂讲授法的超越。

提高教师的教学实践反思能力，不是一个自然而然的、简单的过程，这需要教师在教学过程中不断学习与提升。教师只有深刻理解反思的过程与核心，把反思的方法与实践结合起来，不断自我探究、自我发现、自我解决，才能逐步提高自身的教学实践反思能力。

12

中学教师如何发展终身学习能力?

教师必须不断更新观念、知识和能力，掌握现代教育技术，并用于自己的教育教学，以适应不断变化的时代对教育提出的要求。现代信息社会知识更新迅猛，仅有在学校所获得的知识，已经远远不能适应教师专业发展的需要，因此，每个教师都必须成为终身学习者，不断地学习、提高自己的知识水平。过去我们常常津津乐道于在知识储备方面教师"一桶水"相对于学生"一杯水"的丰富渊博，现在"一桶水"的容量已远远不能满足学生的需要，教师必须时刻吸纳新知，不断丰富和提高自己，成为学生的"源头活水"。否则，在专业发展方面必然会遭遇重重困难。那么，如何才能发展教师的终身学习能力呢?

(1) 树立终身学习意识。

教师是一种特殊的职业，承担着继承与发展优秀文化的使命。教师每天都面对新的教育理念的挑战，面对新知识的困扰，面对新的教学方法的冲击，迫使教师要不断学习。这是教师职后教育现实的需要，也是教师职业自身发展的需要。为了满足这种需要，教师始终要有一种提高自身学习的紧迫感，面对教学改革千变万化的危机感，树立终身学习的意识。

(2) 学习教育理论和注重知识的扩充。

教师应该注意搜集教育理论发展的新动向、新信息，掌握教学基本教学理论，了解关注教育学、心理学发展的新成果，不断更新和扩充知识，注意搜集专业发展的新知识，以适应时代发展的需求，不断开发和合理利用新的课程资源。教师对教学内容进行精心的选择和组织，不但要对所教授的内容融会贯通，更要能够得心应手地将知识呈现给学生。要达到这一境界，单靠丰富的科学知识是远远不够的，还需要教师有丰富的内心世界和想象力、富有爱心和教养、具有完善的知识结构，并具有努力付诸实施的责任心。因此，教师除了要终身学习自己的学科专业知识，还应该广泛阅读、涉猎各种知识领域，尤其要注重学习教育教学理论和心理学的知识。

（3）培养科研能力。

做课题研究，需要相关理论的支撑，因此，教师必须查阅、收集和学习大量的教育学、心理学以及其他与课题相关的资料、文献和书籍。如果不做课题研究，教师很难抽出时间静下心来看这些比较枯燥乏味的书。反之，如果想做课题研究，学习就是必须的。

教师培养和提高科研能力是学习和提高教学质量的重要途径之一：具备了科研能力，才能去追求创新，创造出最佳的教育教学效果，才能适应教育改革和发展的需要。教师教学研究要以教育教学改革为主体，以教学中引发的事件为背景，将教学中遇到的问题作为鲜活的研究内容，用研究的方法作为有效载体，发现问题，解决问题。这是教师教育研究的根本所在。要树立问题意识，养成研究习惯，带着问题去学习、去研究，在研究中升华，在研究中提高。当教师掌握了科研的武器以后，不但会在教育教学实践中自觉地学习教书育人的理论知识，而且会自觉地以研究者的眼光去观察、思考和解决教育教学活动中遇到的各种问题。同时还会主动地反思和改进自己的教育教学工作。

新时代的教育是创新教育，要培养具有创新能力的人才，这就要求教师必须具有创造才能。而教师的创新精神和创造才能离不开科学研究，只有在教育实践中不断探索、研究的教师，才能真正具备创新精神和创造才能。

进行教育科学研究是教师更新知识的最佳途径和方法。研究意味着要在实践中积极探索，而教师一旦开始研究，必然会自觉地去学习，收集、分析加工信息，把教育变成促进再生信息的过程。教师的科研能力在刻苦学习中提高，平时的积累则是关键。积极钻研，重视自学，扩大信息来源，是提高教师科研能力的保证。

（4）提高运用现代教学媒体的技能。

学会运用网络资源能迅速扩充自身的知识、增添教育智慧。新一轮的课程改革提出许多新的思想，要求教师学习领会，更新观念，更新教学方法，并能运用到实际工作中。运用新技术也是教师要学习的内容之一。

教学媒体技术在教育教学中的应用是最有前途、令人振奋的发展领域。社会的进步、科学技术、知识的急剧增加和人口的膨胀，急需训练高素质、能适应时代要求的人才。利用多媒体技术所具有的高度集成性、良好的交互性、信息容量大、反馈及时等特点，将多种信息同时或交替地呈现给学习者，从根本上克服了传统教学的种种弊端，使学习更加趣味化、自然化、人性化。

多媒体技术在教育教学中应用的意义深远。所以教师要不断学习和掌握教学媒体的应用，更好地合理运用教学媒体来提高教学质量。

（5）注重教学实践技能的积累并及时反思。

教师自我反思隐含三个基本含义：第一，教师是专业人员。对于专业人员来说，最难的问题不是应用新的理论知识，而是从经验中学习。学术知识对于专业工作是必需的，但又是远远不够的。因此，专业人员必须培养从经验中学习和对自己的实践加以思考的能力。第二，教师是发展中的个体，需要持续成长。终身学习是教师专业化成长的基础。第三，教师是学习者和研究者。教师有能力对自己的教育行动与教育活动加以思索、研究、改进，由教师来研究改进自己的教育活动，是最实际的、最合适的方式。

教师应积极地设计教学方案，注重平时教学实践的积累。教师可以在教学前进行教学设计反思，提高教学预测能力和设计能力；也可以在教学中进行教学行为反思，培养应变能力；还可以在教学后进行反思，提高针对课堂的评价能力和总结能力。

在教学中，教师也应该尝试各种教学模式，通过实践找到最适合学生的教学模式，并能够形成互动式教学，激发学生去思考；学生的回答也能够与教师的知识交融，激荡出智慧的火花。让学生以更饱满的热情去学习，老师也能够有更多的创新，真正形成教学相长。

终身学习要自觉地融入到工作中，坚持在工作中学习。教师的终身学习是边工作边学习的过程，是在工作中学习，在学习中工作。二者既是矛盾的，又是统一的。要多利用工作之余，积极参加有关部门组织的离岗学习，把在岗位教学实践中遇到的问题，通过理论学习去认识、去升华；还应该利用工作之中学习，教师的教育很多方面是和教学工作密不可分的，要学会带着问题去工作，在工作中去思考，在教学中去理解，在实践中去提高。

当然，教师想要发展终身学习还需要“教师继续教育”这个平台，这就需要社会、学校给教师提供更多的机会。教师的继续教育，就是利用校内教学教研活动、教育教学设备、学校管理网络等资源，结合教学实践及学校发展实际，使教师能结合自身教育教学实际进行系统的理论学习、技能培训、理念更新等，把学习作为教育生涯中的一项常规工作。

专题二

基本内容一：专业理念与师德

“专业理念与师德”维度，从教师对待职业、对待学生、对待教育教学和对待自身发展四个方面，确定了“职业理解与认识”“对学生的态度与行为”“教育教学的态度与行为”“个人修养与行为”等四个领域，提出了十八项基本要求。师德与职业态度是教师职业的基准线，也是《标准》的核心和灵魂，中学生在学校能否健康成长与中学教师对中学教育的理解和对中学教师职业的认识关系密切。这些基本要求指向于造就具有良好职业道德和专业精神的合格教师，既体现了对“学生为本”理念的细化（比如尊重学生、关爱学生、教书育人等），也体现了对“师德为先”理念的细化（比如依法从教、爱岗敬业、为人师表等）。中学教师工作中所面对的教育对象是身心发展迅速、自我安全意识不强、人格可塑性较大的中学生，他们需要教师的关爱和照顾。因此，富有爱心、责任心、耐心和细心，懂得关爱和尊重，做他们健康成长的启蒙者和引路人，是对中学教师的基本要求。

本专题由中学教师所应具备的职业道德修养谈起，结合中学教师的工作特点，进一步讨论在教育教学工作中如何提高中学教师职业道德修养，增强中学教师队伍凝聚力，强化中学生安全教育，充分尊重中学生的独立人格等中学教师专业发展中常见的问题。通过讨论，明确中学教师的专业理念和师德建设的要点，找寻有效的中学教师师德建设的策略。

13

教师应该具备哪些职业道德修养?

“师德为先”是教师专业标准的基本理念，而且在基本理念之中处于首要的位置。在师德为先的理念中，明确了教师对待教育事业的态度和执教的规范，同时强调了师德中对待学生的态度和行为以及对待自身的要求。

具体来说教师应该具备哪些职业道德修养呢？我国早在 1984 年教育部就与全国教育工会联合颁发了《中小学教师职业道德要求（试行草案)》，其中包含了“热爱祖国”“教书育人”“钻研业务”“热爱学生”“处理好与学校、同事、学生、家长的关系” “为人师表”等内容。之后经历了 1991 年、1997 年和 2008 年的修订，形成了目前的《中小学教师职业道德规范》，明确了教师需要具备六方面的道德修养，即“爱国守法”“爱岗敬业”“关爱学生”“教书育人”“为人师表”和“终身学习”。

教师作为一个公民，首先需要遵守公民的基本道德与行为规范，应该“爱国守法”；教师作为一个职业，需要从业者做到“爱岗敬业”。在此基础上，教师的本职工作是“教书育人”；“关爱学生”“为人师表”则体现出了这一职业区别于其他职业的突出的道德修养要求。

（1）教师需要有热爱学生、诲人不倦的态度与情感。

教师对学生的爱是教师顺利开展教育工作的重要条件，是激励教师做好教育工作的精神动力，也是打开学生心扉的钥匙。古今中外的许多教育家都将热爱学生作为教师最基本的美德。教育家苏霍姆林斯基把爱孩子看作是教师最重要的品德，他认为要想成为孩子的真正教育者，就要把自己的心奉献给他们。可以说，热爱学生是教师职业道德修养的灵魂。

第一，热爱学生要关心和了解、尊重和信任学生。每个学生都是与众不同的，教师如果没有对学生的关心和了解，就失去了做好教育工作的前提。关心学生，全面了解他们的学习、生活、心理、身体的情况，了解学生成长的家庭生活环境，才能打开学生心灵的大门，找到适合学生个性特点的教育途径和方法。在此基础上，教师还要尊重和信任学生，使学生感到自己是一个有人格、有尊严的人，这是对学生更高层次的爱。教师对学生的尊重和信任是唤起学生自信心、自主性、乐观积极态度的重要方法。

第二，热爱学生要无私地、平等地将爱奉献给每一个学生。爱美之心人皆有之，我们普遍有喜欢漂亮可爱、聪明伶俐、知书达理的孩子的自然情感倾向，但是作为教师，不能任由这种自然情感倾向支配自己的行动。教师要有宽广的胸怀，把爱奉献给每一个学生。由于先天的遗传和后天的环境影响，同一班级中的学生，其表现不尽相同，但他们在渴望得到师爱这一点上却是相同的。任何一个学生，都有他的闪光之处，多一分对他们的爱，就多一些发现他们身上的闪光点的可能，同时，多发现一些闪光点可能就让你更爱他们。

第三，热爱学生要严慈相济。教师对学生的热爱和尊重，不是宠爱、溺爱或放任自流，而是爱中有严，严中有爱，严慈相济。作为教师，有时需要扮演“严父”的角色，有时则需要扮演“慈母”的角色。严格要求也是热爱学生的重要内涵和必要手段，关爱、尊重与严格教育应该有机地结合起来。严格要求应有一定的限度和分寸，要符合教育和学生身心发展规律。学生成长的过程中，一定会出现或多或少、或大或小的错误和缺点，这需要教师适时地加以指出、制止、批评和引导；当他们出现了可喜的进步、良好的表现时，教师要及时表扬和鼓励，这样才能让学生更加为自己的进步而欣喜，再接再厉，才能让他们为自己的错误而懊悔，奋起直追。

第四，热爱学生更要诲人不倦。教师对学生的爱，并不是漫无目的的，要以实现教育目标为目的，需要将对学生的爱与诲人不倦的精神紧密结合。特别是对待学习有困难、行为表现不符合要求的学生要持续地、反复耐心地教导，克服各种困难、想方设法地帮助他们。

（2）教师需要具备以身作则、为人师表的品格与追求。

示范性是教师职业的重要特点，模仿性与可塑性是青少年儿童的突出特点。常言道，教师是学生的一面镜子，学生品格折射出的是教师品格。教师只有以身作则、为人师表，做到处处垂范，事事表率，才能用自己的言行品德、人格魅力影响和塑造学生。正如苏霍姆林斯基所指出的，“教师成为学生道路上的指路人，并不在于他时时刻刻都在讲大道理，而在于他对人的态度，能为人表率，在于他有高度的道德水平。”教师的以身作则、为人师表，不但能规范学生的言行，矫正学生的习惯，还能够启发学生构建自己的理想追求。

第一，以身作则、为人师表首先体现在教师最基本的行为准则方面。教师要爱国守法、依法执教，认真完成教育教学任务，如此才能培养出纪律严明的学生。

第二，教师的言行、气质风度也是为人师表的重要内容。教师的举手投足、言谈举止都应该是学生的模范。教师的语言要健康、文明、热情、诚恳，教学用语要准确、简练、富于启发性。教师的行为举止应该规范，无论是课堂教学还是课外活动，无论是与学生还是与同事、家长的交往过程中都应该体现出自己的精神气质和文化修养。

第三，更深层面的为人师表体现在教师的品德、人格和精神方面。要培养勇于实践、敢于创新的学生，教师自身就要具备锐意进取、勇于创新的精神。教师不断提高专业素养和教育教学水平，改革创新教学方法、教学内容，这不仅是提高教育质量的要求，教师在这些过程中发扬的精神也是培养学生学习和实践精神的最好“身教”；同样，要培养有责任感、正直有为的学生，教师自身就要廉洁奉公、一身正气。教师所表现出来的终身学习的追求、为理想而不畏艰难锐意进取的品格、诚实正直的道德品质都会“随风潜入夜、润物细无声”般潜移默化地影响学生。

14

教师如何加强自身的职业道德修养？

十年树木，百年树人。我国经济飞速发展、综合国力不断提升，但社会的人文素质却没有伴随其等速提升，甚至在某些方面出现了道德的滑坡，社会责任感降低、奉献意识淡薄，利己主义、拜金主义滋生。教师是为社会进步培养一代又一代新人的崇高职业，教育是提高人文素质的根本途径，但近年来，一些教师失德的行为频繁曝光在公众的视线里，让教师崇高的社会声望受损。维护教育这片净土，解决人们对师德的信任危机已是迫在眉睫。

如何提升教师的职业道德素养呢？这需要加强师资培养质量、提高教师待遇、改进教师评价机制，甚至是改变社会风气等措施的协同配合，但说到底是需要教师依靠内心信念的提升，自我教育、自我陶冶、自我提高的自觉性的支撑。

（1）正确认识教师职业的地位与价值，培养敬业、爱业、乐业的精神。

教师的社会地位与待遇以及教师自身如何看待自己的社会地位与待遇，是直接影响教师能否热爱教育事业、忠于教育事业、奉献于教育事业的重要因素。在现阶段，抵制浮躁、利己主义、拜金主义等社会不良风气，深刻认识教师职业的重要价值显得尤为重要。

教师为社会创造的无形价值是不可估量的，获得的精神层面的财富也是其他职业无法企及的。当教师得到学生的尊敬与爱戴，当辛勤培养的学生在社会上各施所长时，快乐、满足、自豪感就会伴随教师的一生。如果教师正确认识到了这种职业的地位与价值，就能做到尊重这份职业、忠于职守，热爱这份职业，甘于奉献，享受这份职业，达到追求精神富足的境界。

（2）学习模范典型，从点滴的改变提升自身的道德修养。

教师要学习先进模范典型，通过学习优秀教师的高尚品格和先进事迹，教师能够把职业道德规范具体化。发自内心的感动和感悟，有利于教师将高尚的道德情操人格化。生活中，有轰轰烈烈的师德模范典型，如“最美女教师”张丽莉车轮下勇救学生；也有普通教师“润物细无声”的师德表率，如优秀教育家于漪的育人事迹。无论哪种师德都是教师应该学习的，应从点滴的改变逐渐提升自身的道德素养。

任何一个轰轰烈烈的壮举都是长期积累形成的崇高品德的一次集中表现。张丽莉能在生死瞬间选择牺牲自己保护学生并非偶然。她关爱学生，下雨时，她把自己的伞给学生；为关照不吃早饭学生的身体，她自己出钱买来一箱桃酥放在教室后面；她还默默地用自己微薄的工资资助贫困学生……正因为这些点滴的积累，才有她在那一瞬间舍己救人的壮举。高位截肢的她表示从不后悔，还庆幸汽车压过的不是自己的头，自己还救了学生。这也充分说明她的选择并不是一时的冲动，而是符合她人生道德标准的行为。

提升道德修养，并不是喊空口号、讲大道理，也不能一蹴而就，它需要教师从改变一言一行做起，并且持之以恒。“勿以善小而不为，勿以恶小而为之”，少一句挖苦，多一句鼓励；少一点发火，多一点耐心；少一分冷漠，多一分关爱；少一刻浮躁，多一刻认真，这些都是提升道德修养实实在在的努力。

（3）处理好与学生、同事、家长的关系，增强职业幸福感和自豪感。

教师工作是一种个体性和集体性相结合的劳动。每一节独立的课堂教学，都需要学生与教师的密切合作。学生所反映出的学习态度、参与的积极性以及对待教师的看法与情感都会影响教育教学的质量。营造民主的氛围、和谐的师生关系，更容易获得学生的信任、尊敬和爱戴，也有利于教师增强职业幸福感。

对于每一个班集体来说，学生的发展都是教师集体劳动的结果。只有团结一致的教师集体，才能保证教育的完整性与和谐性。一名教师如果能够与其他教师配合默契，做到信息资源共享、互帮互助、维护他人在学生心目中的威信，不仅有利于教师在愉悦的工作环境中顺利展开教育教学，还有利于教师集体团结一致、相互尊重的风范对学生品格的影响。

对于每一个学生来说，他的成长是学校教育和家庭教育共同作用的结果。与学生家长建立起密切、平等的良好关系，会对学生的成长起到事半功倍的效果。在教师与家长的交往中，多数家长是处于弱势地位的，因为他们都渴望得到教师对子女的关照，害怕教师忽视自己的子女，害怕因为自己的原因而造成教师对自己子女的不公，因此他们往往在教师面前谨小慎微，更有的还会刻意讨好、送礼。教师应该判断家长是出于真心对自己的尊敬，还是出于无奈的虚情假意，如果是后者，教师应该反思自己的言行。具有良好道德修养的教师应该尊重家长，不随意训斥家长，不因家长的文化水平、社会地位而区别对待。尊重家长，建立良好的家校关系，是整合教育力量的需要，是教师良好职业道德修养的体现，也是教师获得社会尊重的重要途径。

（4）练就师德的高级修为——自省、慎独。

教师工作具有相对的独立性和自主性，如何选择教学内容、教学方法，备课是否认真、评价是否公正，是否关爱学生等，是难于被监督的，正如人们常说的，教师做的是一份“良心活儿”。因此，自省和慎独的道德修为对于教师是极其重要的。教师的慎独体现在，他们在独自活动无人监督的情况下，凭借高度的自觉，按照道德规范行动，不做任何有违道德信念和做人原则的事。这既是个人提升道德修养的重要方法，也是道德修养的一个极高境界。严格遵守教师道德规范，明确自己的做人原则，时常反思、自省，不断学习和锻炼，才能完成从不自觉到自觉的慎独的发展过程。在道德修养层面，任何他律形式的规范都只有与自律充分结合才能真正发挥效用。

15

教师之间如何凝聚团队合作精神？

“具有团队合作精神，积极开展协作与交流”，这是《教师专业标准》对于教师职业理念与师德的要求之一（第5条）；同时，团队合作也是教师专业标准规定的教师必备的专业能力（即沟通与合作能力），教师需要“与同事合作交流，分享经验和资源，共同发展”（第58条）。

团队合作精神是为完成团队共同的目标而在合作过程中形成的团结协作的精神。它的关键内涵体现在“团队”和“合作”两方面，是共同理想、信念和价值观的集中反映，也是互相帮助、协同合作、服务大局精神的体现。团队合作精神需要经过一定时期的积淀、凝聚和升华才能形成，一旦形成将对个体产生极大的向心力和凝聚力，对团队的发展和个体的提升发挥重要的影响力。教育是个体劳动和集体劳动相结合的一项开放、系统的复杂工程，尤其需要教师之间的精诚合作。教师的团队合作精神有利于学校教育目标的顺利实现，有利于学生良好品质的形成和综合素质的提高，有利于教师个人专业技能的发展和职业幸福感的获得，有利于和谐校园文化的形成。

但是，由于教师教学相对独立的特点以及应试倾向的教育体制和唯分数论的教师评价机制，导致了长久以来教师各自为政的现象，团队合作有名无实。不少教师画地为牢，他们不欢迎他人介入自己的课堂教学，关上教室门自成一片小天地，在课堂外也缺少与他人的交流与合作，从而使不乐于合作、不善于合作成为常态。那么，教师之间应如何形成团队合作，怎样才能凝聚团队合作精神呢?

（1）教师要挖掘合作的共赢点，明确团队合作的可能性和必要性，从而促进教师团队合作平台的搭建，并积极参与。

第一，教研合作平台，可以使教学优质高效。教研团队合作形式可以多种多样，提高备课效率、改进教学方法、提升教学质量是团队的共同目标。跨学年的学科教研团队，不仅有助于教师提高学科专业素养，还有利于教师用发展的眼光为学生设计自己所负责学科的长期的、不局限于一学期或一年的能力培养计划，这对于学生学科能力螺旋上升式发展将发挥重要作用。年级教研团队，主要以学科为单位，通过集体备课，可以减轻个人挖掘教材、解读教材的负担，拓展思路、集结智慧，共同研讨教学中的难点问题。同课异构等合作教研的方式更使得教师集思广益，在合作的基础上，从不同学生的实际出发，从自己教学风格的实际出发，同中有异，彰显团队合作精神的实事求是和个性光芒。

第二，课题合作平台，主要为教师的教育科研服务，在个人科研关注的问题的基础上，寻找有共同研究方向的教师组成一个课题研究团队。如以学科划分的阅读素养课题、生活数学课题、信息技术素养课题等；以教学技能划分的情景教学课题、学生评价课题等；以教育对象划分的学困生课题，等等。基于课题的团队合作有助于教师提升自身开展教育科研的能力，解决教育教学中的重大问题和难点问题。

第三，学习合作平台，能够促进教师的不断学习、不断研究，形成共同的理想信念和价值观。在团队中的合作学习，更易于使教师形成共同体的感受，不是竞争、没有评比，每一位教师可以开诚布公地表达自己的观点与主张，和大家一块交流、共享，从而使不同的思想在相互碰撞中逐渐融合。在团队学习中，共享信息、共同解决疑问，将个人的智慧转化为团队的智慧，并在相互讨论、质疑中进一步重新认识自我，体会自我在团队中的价值，形成共同的责任感，从而为团队合作科研、团队合作教研等活动中相互协作、齐心协力、荣辱与共打下基础。

第四，校内集体活动平台，增进教师间团结友爱的感情。学校举办的文娱、体育等丰富多彩的集体活动容易使教师打破隔阂、敞开心扉，增加相互之间的沟通和联系。教师在教学以外的这些集体活动中往往可能展现自己另外的一面，有利于同事之间加深了解。在集体活动中教师大多能做到互谅互让、团结协作、形成兄弟情谊，为培养集体意识和形成团队合作精神打下深厚的感情基础。因此教师需要积极参与丰富多彩的集体活动，开阔胸襟、陶冶情操，在感受集体温暖的同时，加固同事间的友谊。

（2）要凝聚团队合作精神，教师还需要在参与团队合作平台活动的基础上，积极展现自我价值，并发扬严于律己、宽以待人、甘于奉献的精神。

首先，教师需要积极参与制订团队发展的目标和计划，在合作中展现自我价值。有共同目标是团队合作的前提条件，个体只有从内心接受共同目标才能主动地担负起自己的责任。积极参与制定团队发展的目标和计划，有利于教师将个人目标和团队目标相结合，充分调动团结协作的主动性和创造性。同时，获得认同感、实现自我价值是团队合作精神形成的必要条件。当教师在团队合作活动中，感受到自己是团队中不可或缺的一分子，在协同合作中实现了自我价值，他将充分体验团队合作的乐趣与成就感，乐于为共同目标而付出，从而形成巨大的凝聚力和向心力。

其次，教师需要在团队合作中发扬严于律己、宽以待人，服务于大局、甘于奉献的精神。严于律己、宽以待人是团结合作的基础。由于教师之间存在年龄、个性和知识水平、行事风格的不同，团队合作中间必然会出现分歧，这就需要每一个教师都从自身做起，本着服务大局的思想，求同存异，甘于奉献；而且需要在谦虚谨慎、戒骄戒躁，虚心接受别人的批评、严格要求自己的同时，诚恳、宽容、与人为善，对同事的缺点、错误提出善意的批评，不求全责备，更不斤斤计较。唯有如此，才能通力协作并持续发展，形成团队协作精神。另一方面，教师间的团队合作还需要积极利用教师之间的差异，合理分工协作，使个体在团队中获得认同感和成功感，让个体意识到团队合作精神并不压制个性、排斥个性的发挥，而是尊重富有个性的建设与创造，做到相互帮助、相互学习、教学相长。年轻教师对年长教师要抱有谦虚的态度，虚心学习他们渊博的知识和丰富的经验，并从体力上、精力上关心照顾年长教师；年长教师需要真诚地关心培养年轻教师，扶助新人，发扬甘当人梯的美德。

16 中学教师如何对学生进行安全教育?

“关爱中学生，重视中学生身心健康，将中学生生命安全放在首位”，是《教师专业标准》中对于教师的要求。如何保证中学生生命安全？中学生处在发育成长的关键期，安全意识淡薄，保护自己安全的能力也十分欠缺，因此对中学生开展安全教育对于保护中学生生命安全有着极其重要的作用。

1996 年，教育部联合多个部委确定每年 3 月最后一周的星期一为全国中小学生安全教育日，中小学生安全教育工作才开始逐渐受到学校及社会各界的重视。2007 年，教育部制定了《中小学公共安全教育指导纲要》，强调中小学需要进一步加强公共安全教育，培养中小学生的公共安全意识，提高中小学生面临突发安全事件时自救自护的应变能力。

尽管安全教育指导纲要明确了中小学实施安全教育的总体要求和原则，但其内容仍然只是纲领性的。要将安全教育贯彻落实到学校教育的实际中，还需要细化纲要。而且，由于中小学中没有专门的安全教育课程，安全教育如何贯彻在学校教育中，如何通过学科教学和学校活动加以落实就成了关键问题。值得引起重视的是，目前，很多学校的安全教育流于形式。有的学校只是在安全教育日宣传一些安全常识，开展一些活动；有的学校只有在发生了安全事故后，才仓促地搞一些安全教育活动；还有的学校用一些禁止某些危险行为，制定行为准则的方式代替了安全教育。这些都导致了学生安全教育的形式化，学生自救、自护能力的缺失，甚至间接地增加了学生意外伤害、非正常死亡的风险。

安全无小事，切实开展安全教育需要学校和教师提高对于安全教育重要性的认识，按照安全教育指导纲要的要求，根据实际情况精选安全教育的内容、制订教学计划、选定或编制相关教材、安排课堂教学、开展模拟演练等多种多样的教学活动。扎实的安全教育是一套系统的、长期的、精心设计的学校教育活动。

（1）根据中学生身心发展特点明确安全教育的目标。

中学时期的学生最易接受安全指导并自觉转化为行动，养成良好的安全习惯。因此，教师要准确把握这个关键时期，培养学生惠及一生的安全行为习惯和维护社会公共安全的责任感。虽然同为中学阶段，但由于中学生成长变化迅速，低年级、中年级和高年级的学生会表现出不同的年龄特征和能力水平，这就需要有针对性地制定安全教育目标。

在中学低年级，重点是让学生了解危险和事故，能够意识到自己的身边有危险存在，理解采取安全行动的重要性。指导学生能够在发现危险或突发事故时，迅速通知教师、家长或附近的成人，并能听从指示，采取适当的行动。

在中学中年级，应让学生掌握基本的安全常识，能初步理解各种危险发生的原因，能意识到有危险发生并能采取行动保证自身安全。初步学会在事故灾害中自我保护和求助、求生的简单技能。学会正确使用和拨打110、119、120电话。

在中学高年级，应教育学生能够辨别危险行为、不参与危险活动，使他们能预测危险的发生，并能主动采取行动来保证安全。而且，在自我保护的前提下，还能照顾、帮助家人和朋友，并能采取一些简单的紧急救护措施。

（2）从实际出发，合理安排安全教育内容。

在教育内容的选择安排上，应该遵循横纵交错、点面结合、重点突出的原则。横纵交错是指内容要覆盖各种危险，同时每个种类危险的应对内容中应该包含危险出现前的预防措施以及危险之中的逃生、自救等内容。

点面结合、重点突出是指内容的选择安排上，既要有整体覆盖，更要针对本校学生的实际，有重点、有针对性地开展最能让学生受益的安全教育。

首先，安全教育的内容应该涉及学生生活的各个方面，如交通安全、生活安全、自然灾害安全等。为了便于教师有序推进安全教育，有必要将安全教育划分成不同的板块，形成安全教育知识体系。按照学生活动的场所，安全教育可以划分为安全在家，即用电、用火、用气安全等；安全在校，即游戏、活动、实验安全等；校外安全，即交通、出游、与陌生人交往等。按照危险的种类，安全教育可以划分为社会安全、公共卫生、意外伤害、自然灾害中的安全常识、预防与应对等。另外，近年来，随着互联网的普及，青少年儿童接触网络的年龄阶段普遍提前，应根据学生应用网络的状况，及时开展预防网瘾、抵制不良信息诱惑、预防违法侵害等安全利用网络的教育，并且应该将之作为安全教育的重要组成部分有计划地开展。

其次，教师需要突出重点地讲授应对危险的流程。安全教育的内容应该预防与应对相结合，强调预防；抢险与救助相结合，强调逃生和自救。如识别各类危险警示的标识；主动避让汽车，不在有机动车通过的路上打闹、玩耍；提高自我防范意识，掌握应对陌生人的方法等，充分学习和掌握预防危险的常识和技能，让学生远离危险是安全教育的关键。但是，有些危险和事故是突发的，不可预见也无法预防，如地震、火灾、建筑物倒塌、电梯下坠等灾害事故，针对这些危险，让学生掌握自救、逃生的技能十分关键。在火灾中慌乱逃跑造成踩踏，在地震中盲目跳楼导致当场死亡或伤残，这些令人痛心的伤害事物警示我们，教育学生如何应对突发的危险，让他们掌握基本的逃生常识和技能是何等重要。

同时，对于少年儿童，遇到危险时首先是告知成人、听从指挥，其次是自我救助，最后才是帮助他人。抢险救灾可以是安全教育的内容，但教师要强调不鼓励未成年人参与抢险救灾，在灾害中保障自身安全才是第一要务。

最后，从实际出发，精选最使学生受益的内容，深入开展安全教育。安全教育需要涉及生活中方方面面的危险，但由于教学时间有限，就需要精选最关键的内容深入展开。学校开展安全教育可以从学校和学生的实际出发，如地处河流附近的学校可以重点开展防范溺水事故的安全教育；地处闹市区的学校可以重点开展交通安全教育；在节假日临近期间，重点开展出行、旅游安全教育等。

这些内容的精选要贴近学生的实际，目标是让学生远离危险，保障安全。如有学校将交通安全教育作为学校安全教育的特色，邀请交警教学生指挥交通的手势，学校还为学生配备了“小交警服”，学生身着“警服”、统一动作，很是神气。学生们的笑脸也表现出了他们在交通安全教育中获得的快乐。但是，我们还要追问的是，学生真的掌握了交通安全的知识和技能吗？懂得了交警指挥交通的手势，对于帮助学生远离交通危险能发挥多大的作用？

再看一看日本开展交通安全教育的做法。日本教师会组织学生对上学、放学路上的各种交通安全隐患进行实地调查，哪里行人稀少、哪里容易突然冲出车辆、哪里正在施工，等等，然后制作一幅“倒吸一口凉气地图”，贴在教室里，分发给学生和家长，以唤起大家的交通安全意识①。与之相比，我们的交通安全教育似乎多了一些作秀的成分，少了一些实际的效果。日本教师的做法更朴实，但在减少学生每天上下学面临的交通危险方面却切切实实地发挥积极作用。

（3）明确安全教育的实施途径，综合采用多种教育形式。

安全教育不是国家课程标准中规定的学科课程，也没有专门的师资配备，要保障安全教育的贯彻落实，需要坚持专门课堂、专题活动与在其他学科教学中的渗透相结合。在学科教学中，思想品德、思想政治是开展安全教育的主要途径，其他学科教师也需要在相关知识的教学中有意识地增加安全教育的内容。

同时，根据安全教育的特点，需要将课堂教育与实践活动相结合。组织学生观看电影、实地调研、开辩论会、制作安全手册等多种形式的教学是必要的。特别是有些灾害事故防御教育是需要实际演练的。如地震中的躲避、疏散等，必须经过多次的实际演练才能做到安全有序地逃生。

① 张克勤．守护生命：日本中小学的安全教育，外国中小学教育，2009（6）．

17

教师如何做到尊重中学生的独立人格?

在幼儿园、小学和中学的教师专业标准中，都明确指出要尊重学生（幼儿）的人格。人格在心理学上被称为个性，每个人的个性都是独特的。可见，尊重学生的独特个性是贯穿基础教育的、针对教师的一个基本要求。在中学教师专业标准中，相关的表述是“尊重中学生独立人格，维护中学生合法权益，平等对待每一位中学生”（第7条）。

（1）独立人格是独特的个性和独立的见解。

要尊重中学生的独立人格，首先要明确什么是独立人格、尊重中学生独立人格的内涵是什么。所谓独立人格，是指个体区别于他人的独特个性和不依附于他人的自主选择、独立见解和价值判断。具有独立人格的人在能力、气质和性格上会表现出自己的个性和非依赖性；有良好的自我意识，能够客观地感知自我，与他人保持相对独立平等的关系，能够自觉地维护他人的尊严和自尊；具备独立思考能力、价值判断能力和自主选择能力，在思维和行动上会体现出独立性、自主性和创造性。

中学是超越家庭范围的社会化的初始阶段。中学生的人格特征表现为：在自我意识的发展上，从较多地关注自我的生理方面转向心理方面，从更多地听从成人规范指令到学会独立思考和行动；在情感体验方面，从肤浅简单向深刻复杂发展，并逐步学会情绪的自我管理；正直、自信、勤奋等具有社会道德评价意义的良好性格逐步形成，但是意志品质中的自觉性、坚韧性、果断性和自制性的发展水平不高，在遵守纪律、完成预定任务方面常有困难。

因此可以说，中学生已经初步形成独立人格的一些要素特征，教师需要了解学生的人格特点，尊重他们的独立人格。尊重中学生的独立人格大体上包含了两方面的内容：一方面是尊重一个学生区别于其他学生的特有的性格气质倾向、价值判断和道德品格特点；另一方面是尊重学生不依附于他人的自主判断、独立思考与行动。

（2）独立人格是社会发展和素质教育的要求。

尊重学生的独立人格在当下具有重要的意义，独立人格是社会发展的趋势要求，是素质教育的重要内涵。

第一，独立人格是中国社会主义现代化建设的要求。中国现在正在经历全面而深刻的社会转型，从计划经济体制到市场经济体制的转型及其所推动的全社会、全民族思想、文化、政治等全方位的变革，也带来了新的人才观。社会发展对人才的需求从计划体制下服从命令听指挥的人才转变为富有创新精神的多样化人才。个性愈多样，共性才愈丰富。只有充分体现一个人的独立人格，社会才能显示出源源不断的巨大的创造性。而且，独立人格也是全球一体化发展的客观要求。具有独立人格的人能够处理好自己与他人的关系，善于独立思考又懂得交流合作，这些正是在国际舞台上国家交往、企业合作和个体交流的重要品质。

第二，独立人格是教育改革不断推进的必然要求。由应试教育向素质教育的转变是中学教育改革的历史命题。培养创新精神和实践能力是素质教育的重要内涵。独立人格正是创新能力的原动力。独立人格能催化和激发创新能力，具备独立人格的人对新事物有强烈的好奇心，他们会积极主动地探索未知世界的知识，形成自己独特的见解。全面推进素质教育必然要求独立人格的培养。

第三，从小培养独立人格意义深远。创造力是独立人格的重要内容。中学生的创造力不像成人的创造力那样已经基本定型，而是随着年龄的增长不断地发展变化，它自发性强，表现相当广泛，没有定型的行为模式，不受规范、习惯的限制和制约，中学生可以不加拘束地、灵活自如地运用想象，自然、真实、无修饰地表达自己，思路非常开阔，自由空间较大。中学生的创造力在个体整个一生创造力发展和形成过程中有着其他因素不可替代的作用和地位。同样，中学阶段也是自信、勤奋等重要品质和自我意识形成的重要时期，因此，从小培养学生的独立人格具有深远的意义。

（3）尊重学生的独立人格需要教师的智慧与努力。

第一，平等对待每一个学生，发现每个学生的个性特点，发掘他们的潜能。心理学研究表明，人生来就有各种各样的潜能，这些潜能的充分发挥有赖于良好的环境。加德纳的多元智能理论也提出人的智能至少由八种智力构成，每个学生在智力潜能上都有不同的优势方向。因此，学校教育应该顺应学生的天性，为其发展提供自由、宽松的环境，使个体的潜能得到发挥。教师则需要平等对待每一个学生，敏锐地发现他们的智力潜能，为学生自由而有个性的成长提供指导与帮助。

第二，建立良好的师生关系。学生时期是人格发展中自我认识形成的重要时期。自我认识并非独自沉思的结果，往往是通过别人对其品质等议论后逐渐形成的。在学校中，教师的一句话、一个眼神都直接影响学生自我认识的发展。如果能够经常得到教师的奖励，学生就能够发展出自信心、成就感；如果经常遭受教师的指责和批评，学生的自信心就会发生动摇、自我否定倾向增强，从而产生自卑感。因此，中学教师特别需要用目光、笑容、肢体接触的鼓励向学生传递关爱与鼓励的信息。教师需要营造轻松、愉悦、融洽的教学氛围，在教学中尽可能以正面教育为主，多肯定、赞扬学生，以激发其自信心和上进心。

第三，创设民主环境，鼓励学生表达自己的观点。学生有着惊人的创造力、丰富多彩的表达方式和由对事物的好奇心而带来的感官学习的主动性。这些是中学教育最需要重视和发展的方面。因此，教师需要为学生提供宽松、自由、丰富的支持性环境，鼓励学生大胆表达、创造。与此同时，教师还应该有意识地鼓励学生表达不同意见，大胆质疑，培养其批判性思维精神，促进其独立人格的健康发展。

第四，关爱、支援个性懦弱的学生，培养其独立人格。每个人的个性都是独特的，尊重中学生的独立人格，并不意味着仅仅作为旁观者表示尊重。在中学阶段，学生的人格发展存在水平的差异，教师需要有针对性地加以指导和帮助。对于自卑的学生，需要加以鼓励；对于心理承受力脆弱的学生，需要加以扶持；对于缺乏自制力的学生，需要加强规范。只有适时地干预、引导、有计划地培养，才是真正意义上对学生独立人格的尊重。

18

教师要尊重中学生的独立人格应杜绝哪些具体做法？

要尊重中学生的独立人格，教师要杜绝以下作法。

（1）不体罚或变相体罚中学生。

中学教师专业标准中的第7条指出，教师要尊重中学生独立人格，“不讽刺、挖苦、歧视中学生，不体罚或变相体罚中学生”。这不仅是《教师专业标准》的要求，同时也是相关法律的要求。我国《义务教育法》第29条明文规定：“教师应当尊重学生的人格，不得歧视学生，不得对学生实施体罚、变相体罚或者其他侮辱人格尊严的行为。”《未成年人保护法》也有类似的规定。

尽管在相关法律上已经有明确的规定，可实际情况却不容乐观。联合国儿童暴力全球调研项目曾在我国六省市大中专学生中采取“回顾16岁前的经历”的形式，展开儿童暴力问题调查。调查结果表明，69.8%的人曾在学校受到过老师的体罚（在初中受到体罚的比例则为31%）。另一项最新的全国妇联与联合国儿童基金会联合开展的反对儿童暴力国际合作项目（2006－2010年）的调查结果显示，在一年内遭受过来自学校教师的暴力的儿童比例为51.1%。其中，教师体罚学生（如“老师罚我跑步、单脚站、罚跪、罚站、做俯卧撑、抄写 N 遍或背诵多遍”等）的比例最高，约 30%；其次是骂学生“笨”或“没出息”之类的行为，约 20%；反映“老师打我（如拧耳朵、抽耳光、针扎、打手心、踢、推等）”的约 18% 等。

体罚或变相体罚为何屡禁不止？应该说大部分教师采用体罚或变相体罚的初衷都是为了学生，也是我们常说的“恨铁不成钢”“严师出高徒”“不打不成才”的传统观念所致。这在上述调查中也有所印证：“老师打表现不好的学生是为他们好，所以老师是对的”一项的调查结果显示，约 60% 的学生持“保留”的同意态度，其中，10.3% 的学生持“非常同意”的态度。可见，如果教师的体罚是出于对学生“爱之深责之切”，学生也是能够体会教师的用意的。但是，这种师生之间的“共识”并不应该成为教师继续体罚或变相体罚的支撑。因为无论出于怎样的初衷，体罚对于教师和学生都是高风险的，它不仅触犯了法律，也可能造成对学生无可挽回的伤害。由于中学生的身体还没有完全发育成熟，所以，教师哪怕是随手的一巴掌或一拳对于学生来说都是难以承受的，很多因体罚造成学生猝死的事件让人触目惊心，而中学生由于不堪体罚或恐惧体罚而自杀的新闻也是屡见不鲜。这些都在警示教师应该“零体罚”。

台湾一项对于体罚的调查研究结果显示，体罚有很强的“复制”效果，有近 70% 的学生表示将来会使用体罚，这大概也能解释现在许多教师之所以依赖体罚正因为他们是从小被打大的。今天的教师是当年的学生，今天的学生是将来的教师。杜绝体罚任重道远，杜绝体罚刻不容缓。

（2）不讽刺挖苦、歧视中学生。

与体罚相比，校园中的语言暴力还没有引起足够的重视。诸如嘲笑、侮辱、诽谤、诋毁、歧视、恐吓、谩骂、贬损等不文明语言对于学生的伤害甚至比体罚更有过之。语言暴力是一把“不沾血的刀”，它可能使儿童变得恐惧、缺乏安全感，窒息学生的思想、损害学生的尊严、扭曲学生的人格。

台湾人本教育基金会公布的“2005 年初中、中学校园体罚调查”结果显示，有 22.6% 的学生表示，老师会以骂“贱”“不要脸”“笨猪”“去死”等令他们难堪的方式来进行处罚。在大陆，2007年公布的一个名为“校园语言暴力来源调查及分析报告”中，80%的小学生、82%的初中生和79%的高中生认为语言伤害是最需解决的校园伤害。在另一项对北京二十多所中学开展的语言暴力问卷显示，16%的学生经常受到语言暴力。在1~3年级的学生中有两成多认为语言暴力能起到积极作用，而4~6年级却没有一个学生认同语言暴力能起积极作用。教师的不文明用语让他们感到“很伤心”“伤自尊”“没自信了”“学习没意思”“害怕老师”“心里恨老师”“不爱与同学交流”“人格受到伤害”等。另一个对于中学生的调查结果显示几乎所有的中学生都认为语言暴力在教育中不能起到积极作用。

可见，与体罚相比，讽刺、挖苦、歧视等语言暴力几乎是完全不被学生接受的，是学生认为最急需解决的校园伤害。下面是一个学生的博客对教师讽刺学生的记录。

不知为什么，老师最爱干的事就是讽刺挖苦学生（大部分老师）。我们班老师也不例外，挖苦的语言“幽默风趣”，常常会引起全班同学的哄堂大笑。有一次，我们班的“四大金刚”（其实就是期中考试排名倒数一、二、三、四名的学生，被数学老师呼为四大金刚），被数学老师叫到讲台上做题，三大金刚都已经做好了，唯有一大金刚死活做不出来。当时暴雨连下好几天，数学老师望着窗外下着的雨道：“你出门都不带伞的。”台下的同学都不明其意，呆呆地望着数学老师，数学老师又补了一句：“脑袋给淋得进水了。”我们这才恍然大悟，哄堂大笑。

这位老师也许一点都没有为自己给那名学生带来的尴尬而有所反思，甚至可能会为自己“幽默”的讽刺语言感到十分得意。试问这样的挖苦讽刺是教育学生的成分多一些？还是发泄自己恼怒的情绪多一些，亦或用“差生”哗众取宠的成分多一些？如果能将这种“机智”换一种方式用来激励学生、改进教学，那将是多么精彩。

根据台湾人本教育基金会2011年校园现状问卷调查，28.5%的小学生和19.8%的中学生会受到老师的影响，一样不喜欢老师不喜欢的那些同学。教师对学生挖苦讽刺、歧视侮辱不仅伤害学生的人格，使其丧失对学习的兴趣，还会影响他们在班级中与他人的交往，使他们在学习和校园生活中都变得孤立无助。

教育是育人的艺术，是体现人之尊严的艺术。教育的基本要求，就是要帮助学生形成健全人格，让学生有尊严地成长。教育家陶行知常常告诫教师："你的教鞭下有瓦特，你的冷眼里有牛顿，你的讥笑中有爱迪生。"能够"春风化雨润童心"的教师才是更具有教育智慧的教师。

（3）不越俎代庖，制约学生的独立思考和独特见解。

我国的传统教育中有很多不利于学生独立人格发展的传统文化中的等级观念。儒家文化更多地强调个人对家族、对师长、对领导的顺从，对权威、对集体的服从，这就造就了典型的依附人格。在学校教育中，学生将教师、教科书视为权威；在集体生活中，学生的个人意见要服从集体意见。从而形成一种趋向于教师要求的、整齐的集体化学习和活动方式。

心理学研究表明，人的创造力发展过程中共有四次突然下降或停滞的"低潮"，分别是5岁、9岁、13岁和17岁。9岁相当于小学三年级，这时的儿童会十分注意使自己和同伴保持某种一致性，并放弃自己许多有创造性的活动。到13岁，儿童再次表现出对行为规范的一致性趋向，而思维则变得更为平常。这是一般性的发展规律，如果我们的学校教育过于强调学生服从命令、抑制学生与众不同的见解，儿童的创造力可能提早进入"低潮"。

因此，教师需要改进传统文化和传统教育中不利于学生独立人格发展的做法。

首先，教师的讲授不能替代学生的自主探究。教师出于善意或习惯，在有限的教学时间里用讲授的方式传授更多的知识，是不能替代学生的独立思考、自主探究的。因为这样看似高效的课堂在学生高层次能力的培养、独立人格的发展方面可能是低质的。

其次，合作学习不能替代学生的独立思考。一味模式化地采用新课程中提倡的合作学习，忽略学生的独立思考也是不可取的。合作学习的前提应该是独立思考。在未经历独立思考环节的合作学习中，学习成绩有优势的学生的思考往往会代替了其他学生的思考。反之，经过了独立思考后的合作学习，才可能有更多的意见碰撞，从而增加讨论的深度。而且，哪些问题适合采用合作学习，哪些应该让学生独立思考、不依附他人独自解决也是值得教师用心思考的。

最后，正确答案不能替代学生的独特见解。受传统教育中形成的思维定式的影响，教师总是习惯于告诉学生“应该怎么做”“答案是什么”，课堂中的提问也多是有唯一或正确答案的问题；学生则习惯于被动地等待教师指示和提问，得出答案后去核对与教师答案的吻合程度。在这样的教育环境中，学生是很难形成大胆质疑、坚持自我主张、发表独特见解的品质的。而这些正是独立人格的重要内涵，也是素质教育培养创新精神人才的需要。

19

如何理解中学生身心发展的不同需求？

中学生正处于青春期，而青春期心理变化的特征表现为自主意识增强、自尊心变强、渴望交流和友谊、易于冲动并富于幻想、性意识萌动并表现为初期的与异性疏远，到逐渐愿意与异性接近，或对异性产生朦胧的依恋等正常的心理变化。

（1）尊重与信任是中学生身心发展的根本需求。

中学生正处在由少年期向青春期转变的时期，而少年期是人生旅途中一个变化十分剧烈的时期，少年常常因为缺乏准备，被突如其来的身心变化搞得惊慌失措。心理学家把少年期称为“危机期”或“心理断乳期”，意为这一时期的少年从心理上渴望摆脱对成人依赖，表现出追求独立的倾向。身心状态的剧变，内心世界的发展、自我意识的觉醒、独立精神的加强，是少年期表现出的总体性的阶段特征。这些个体自身的变化同时也改变着少年与外部世界的关系，包括与成人的关系。他们不再愿意做被动的适应者、服从者、模仿者、执行者，而是力求成为生活中主动的探索者、发现者与选择者。这是人生过程中由单纯对外部生动形象的世界探究到关注内部精神世界变化的转折时期。而教育教学活动能够给予学生足够的尊重与信任，并按照身心发展规律为个体发展提供多种积极发展的机会，并能在各种活动中帮助中学生发挥自己的才能，克服自身存在的影响成长的负面因素，在成人世界的尊重信任中呼唤孩子自我反思、自我改变的主动心理，学会心平气和地接纳自己的现状，并且能学会“见贤思齐”，虚心学习别人好的方面，让自己成为内心强大而又谦虚好学的新时代好少年。所以要相信每个生命都是独一无二的，是值得我们尊重、信任的，只要用爱滋养、他们就能健康成长。

小明一直以来都是让老师家长头痛不已的问题学生。他不仅无心学习，成绩极差，还时不时违反校规，与生活老师作对，甚至想跟班主任打架，让人十分头疼。每次他违反校规班规，班主任老师就找他谈话，耐心地对他进行思想教育，虽然他每次都承认了错误，答应一定改正，可没过几天，他的老毛病照样犯，还一副无所谓的样子。面对他的反复无常，他的班主任头痛极了。后来，教师一改以往的教育方法，以鼓励为主，尊重信任每个学生，还根据学生的选举情况让小明担任了本班的体育委员，没有想到，他竟然不负众望，很认真地负责好体育课和课间操的排队集合工作，还能带头做好班级工作。在近几个月中，他不仅能负责好班级里的工作，还能认真学习，帮助同学做力所能及的事情，还常常帮助生活老师维护食堂和宿舍的纪律，得到了师生的一致好评。

只要教师是真正用心为学生着想，尊重信任学生，他们就会有所改变，有所发展。小明就是一个很好的例子。

（2）建立良好的师生关系是中学生身心发展的基本需求。

古训道：“亲其师，信其道。”而爱是师德的灵魂，爱是教育的需要。没有爱就没有教育。心理学研究表明，每个学生都需要关爱，当这些需要得到满足时，就会引起学生的积极体验，引发良好的学习兴趣，转化为内在的学习动机，变被动学习为主动学习。只有教师在教学中投入情感，创设师生平等的民主氛围，激发学生探求欲望，提高他们的学习兴趣，以爱心换爱心，才能引导学生愉快、积极的学习，负责任、有爱心的生活，动脑筋、有创意的生活。

教师要善于建立一切为了学生，一切为学生发展的新型师生关系，创建一种民主、平等、和谐的气氛，无论在课堂上还是课下，能够和学生像朋友、伙伴一样沟通和相处，彼此增进理解和信任，亲密无间。良好师生关系的形成，使学生对教师产生亲近感和信任感，感受到同伴和朋友的手足情义，可以调动学生参与学习活动，生动活泼主动发展的积极性和创造性，确保每一个学生在其原有的基础和素质上能够得到发展。课堂上教师若以和蔼的态度去对待学生，学生就会消除由于教学气氛太严肃而造成的心理紧张现象，就会积极配合教师，以最佳的心态主动地参与到学习过程中来。

（3）改变常规的教学方法也是中学生身心发展的需求之一。

兴趣是求知的先导，没有兴趣，学生学习起来也是勉强的、痛苦的，主动发展和健康成长更无从谈起。激发学生探求欲望，使学生主动学习主动发展。在教学过程中，教师采用灵活、开放的教学方式，充分为学生提供观察、操作、讨论等各种机会、使其体验到成功的快乐，让学生得到轻松、主动的发展，从而使学生认识到要为人生的每一步成功而不懈努力。

第一，教师可以加强直观教学。中学生的学习更多的是通过具体形象来感知的，运用图片、投影片、录像等直观教学引导学生进行认识，不仅可以丰富学生的感情知识，而且能使学生的兴趣和思维不断地处于活跃状态。如《亚洲的人文环境》一课，若采用电教手段，将事先准备好的影片资料放映给学生看。丰富的图像展示、优美的音乐和生动的解说，让学生仿佛身临其境，看完录像再让学生回答亚洲各国的生活方式、艺术文化、风俗习惯等内容。那么学生会纷纷举手，滔滔不绝地讲起来。这样，通过直观教学，师生在愉快、轻松的教学氛围中便能达到教学目的。

第二，教师引进竞争机制。学生具有爱竞争、好分胜负的特点，那么教师可以把竞争引进课堂，也是体现学生参与教学的很好的一种方法。在教学过程中，让学生围绕中心问题展开分组讨论，形成教师与学生、学生与学生多渠道的广泛信息交流。在交流中，让学生表现自我，交换思考所得，品尝独立思考的乐趣。例如《火山》一课，就可以将全班分成两大组分别讨论火山的益处和火山的害处，并比一比哪一组说得更全面。那么，学生们会以很高的热情投入到讨论中，很快就能将正确答案全部找齐。正如赞可夫所说：“教法一旦触及学生的情绪意志领域，触及学生的精神需要，便能发挥其高度有效的作用。”

第三，教师提供学生主动参与的机会。要发挥学生的主体作用，使学生主动发展，提高学生的素质，作为教师，一定要更新观念，更新教法，破除对学生的控制欲和权威感，努力地给学生提供“主体参与”教学活动的机会。如在《地震》一课，先不要直接给学生讲授各种防震方法，而应让学生把平时在电影、电视、书刊杂志中看到或在广播中听到的防震方法给其他同学讲一讲。喜爱表现自己的中学生会争着把自己知道的内容介绍给大家。学生敞开思想，畅所欲言，在愉悦的心理状态下参与学习过程，主动掌握知识。这样，老师给予学生参与的机会，学生主动参与课堂，使课堂教学收到了事半功倍的效果。

中学生身心发展会有不同的需求，以上仅泛谈了三点，还有很多方法值得中学教师们一试。教师要以师德为先，履行教师职业道德规范。关爱中学生，尊重中学生人格；为人师表，教书育人，自尊自律，要以个人的人格魅力和学识魅力教育感染中学生，做中学生健康成长的指导者和引路人。

20

教师要满足有益中学生身心发展需求应杜绝哪些具体做法？

《教师专业标准》中“专业理念与师德”第二条“对学生的态度与行为”要求，“关爱中学生，重视中学生身心健康发展，保护中学生生命安全。”“尊重中学生独立人格，维护中学生合法权益，平等对待每一个中学生。不讽刺、挖苦、歧视中学生，不体罚或变相体罚中学生。”“尊重个体差异，主动了解和满足中学生的不同需要。”“信任中学生，积极创造条件，促进中学生的自主发展。”

中学阶段属于学龄中期，是个体从童年向青年过渡的时期。这个阶段的学生半成熟、半幼稚，独立性和依存性交错并存，生理上的急剧变化和学习活动的变化使他们的心理出现了一次飞跃。我们应根据中学生身体发展、认知能力、情绪特征、个性特征的变化等进行“会诊”，循序渐进地组织教育，杜绝一些错误或不良的做法的发生。

（1）杜绝只重视学生的文化课教育，加强中学生的体育锻炼和卫生保健教育。

这一点，作为教育工作者都有共识，但是往往被忽略，对某些中学甚至是“空白”。中学生身体发展的第一个显著特征是身高和体重陡增。这个时期是积极改进运动机能的时期，是发展许多运动品质的良好时机。运动的速度、频率、跳高的高度在这个时期增长最为迅速。同时，脑的发育主要是神经纤维的增长及脑功能的复杂化，兴奋过程相对强于抑制过程，兴奋与抑制的转化也较快。智力上的高度紧张或身体过度疲劳、情绪过分强烈都会引起内分泌障碍和神经系统紊乱。

中学生身体发展的第二个显著特征是第二性征出现和性成熟开始。基于以上两点，初级中学特别是寄宿制中学应有计划地组织初中学生积极参加适度的体育锻炼，开展丰富多彩、形式多样的课外活动，重视健康消费教育，适应中学生急剧生长的身体需要，注意青春期卫生与性教育。做好这些工作，是我们顺利开展其他教育活动的基础，也是中学生成长的“资本”。

（2）杜绝机械式学习，重视并及时进行学法指导，培养中学生正确的思维方式。

中学生认知能力有了提高，心理活动随意性显著增长，可以长时间地集中精力学习，随意调节自己的行动。抽象逻辑思维占主导地位，反省思维出现，抽象思维在一定程度上仍要以形象思维为依托。另外，思维的独立性和批判性已有所发展。但是由于少年缺乏实际经验，这种思维的独立性和批判性总带有不少片面性和主观性。他们想问题常会钻牛角尖，有时表现为固执己见、情绪偏颇，有时会蛮不讲理或轻率地下结论。

基于以上对中学生认知能力的分析，我们应重视并及时进行学习方法指导，不仅仅从“学习难度加大、一时适应不了，机械地识记学习内容”这个角度来考虑。同时，我们还要根据中学各学科的特点培养学生正确的思维方式，注意引导他们发展抽象逻辑思维，克服思维中的片面性及主观性。

（3）杜绝不尊重学生的个体差异性，尊重学生的独立性、自主性，充分调动他们学习的创造性和积极性，教育学生善于控制自己的情感，尊重他人。

中学阶段学生的情绪易冲动，易激动，不善于自制，行为不易预测，因而不少人认为这个阶段的学生是最让人操心的。他们可以为一件小事而狂怒，又可为一件小事而颓丧；一会儿可以为自己取得一点成绩而沾沾自喜，一会儿又可以为一点失败而感到无地自容。随着认识水平的提高，昔日在他们看来是最完美无缺的父母和老师，也发觉他们存在不少缺点和问题。他们对管得太多、太严、“婆婆妈妈”的教师并不敬重，对教学水平不高或对同学不公正的教师也无好感；而对那些尊重他们的独立性、教学严谨、态度民主公正的教师常常会很尊敬。他们在“独立感”和“成人感”的驱使下，社会高级情感发展迅速。

针对中学生的情绪特征，我们首先要教育和引导学生善于控制自己的情感，学会调节自己的情感；其次要教给学生如何处理好与父母和老师之间的关系，因为父母和老师也是人，但不是同一模式的“高大全”的人，当然作为教育者的教师应以高标准的师德严格要求自己；再次要尊重学生的独立性、自尊性，以他们的情绪特征为切入点，充分调动他们学习的积极性和创造性，使他们的情感向着有利于成长的方向发展。

（4）杜绝不重视学生个性的发展，引导学生学会自我教育，逐步完善自己的个性。

中学阶段，学生自我意识有了质的飞跃，他们在身体急剧成熟的驱动下，产生了“独立感”和“成人感”，力求摆脱对成人的依赖，反抗成人的干涉，被称为“心理性断乳”期；学生开始将视线转向内部世界，仿佛刚刚发现“自我”也是一个广阔的世界。他们不仅关心自己的内部世界，也开始对别人的内心世界发生了兴趣。他们不再像小学生那样就事论事，而是对人评头论足，从行为的动机、道德面貌和个性品质方面来评论自己和别人。

中学阶段，学生对别人如何评价自己相当敏感，教师的评价若不符合学生实际或有偏心，会造成学生的对立情绪。他们对自己的评价往往偏高，而对别人的缺点则喜欢吹毛求疵，这也是有些班级不团结的主要原因之一。他们常用讲悄悄话、写日记等方式来倾吐内心的秘密和感受。中学生的道德行为趋向自觉，已能通过具体的事实概括出一般伦理性原则，并以此来指导自己的行为，只是由于自我控制力还不够，有时会出现一些前后矛盾的行为。一些成熟早的学生已能按照先进青年的标准来严格要求自己。

学生有强烈的兴趣和求知欲，有时对他们感兴趣的活动达到了废寝忘食的地步。兴趣很广，既反映在学科内，也反映在课外活动上，爱打球、下棋、绘画、读小说、看电视等。他们的兴趣有时因为过于广泛又缺乏自制而影响学习，也极易变迁，他们对影视节目、小说的兴趣已不同于小学生，不再单纯追求故事情节，而开始注意人物心理活动的描写，有时还会把影视、小说中的形象与自己对照，甚至在某些行为上进行模仿。艺术作品及先进人物的事迹对正在成长中的中学生个性的形成影响较大。

我们应根据中学阶段学生个性特征的变化，利用他们自我意识迅速发展的有利条件，引导学生自己教育自己，也要利用现实生活中的先进人物的事迹和艺术作品中的优秀形象来教育学生，逐步完善他们的个性。

总之，中学的教师在教育学生时应抓住该阶段学生身心发展的特征，有的放矢地做好教育工作，促进学生身心健康发展。

专题三

基本内容二：专业知识

专业知识是教师从事中学教育工作的重要基础，是教师专业成长中必不可少的部分。《标准》中“专业知识”维度，从中学分科教学的实际出发，依据中学生身心发展的规律以及中学教育教学的本质特征，确立了国内外学界基本形成共识的教师知识构成的四个领域，即“一般教育知识”“学科知识”“学科教学知识”和“通识性知识”，提出了有关中学教师专业知识的十八项基本要求。体现了对中学教师把握“专业知识”三个方面的要求：在学科知识方面，中学教师不仅要知道所教学科的内容，并且要“理解所教学科的知识体系、基本思想与方法”“了解所教学科与其他学科的联系”等，这是为了保证教师在教学活动中脉络清晰、重点突出，让学生感悟学科的基本思想；在学科教学知识方面，提出“掌握针对具体学科内容进行教学的方法与策略”等，这是要求中学教师能够把一般教育知识与学科知识有机结合，并体现在教学活动之中；在通识性知识方面，提出“具有相应的自然科学和人文社会科学知识”“具有相应的艺术欣赏与表现知识”等，这一方面是为了保证中学教师在教学活动中能够关注学生的全面成长，更好地体现育人为本的教育理念，另一方面也是在素养方面对教师专业发展提出的基本要求。

本专题将围绕中学教师如何促进中学生的身心健康发展、如何掌握中学学科知识、如何掌握教育理论性知识和通识性知识等展开论述。通过细化《标准》中的各项要求，更加明确中学教师专业知识学习的内容和方法，为中学教师在实践中不断进行专业化学习提供参考。

21

教师如何做到为中学生创造积极条件享受快乐的学校生活？

让学生享受快乐的学校生活，主要包括两方面的内容：享受快乐的学习和享受快乐的交往。教师需要积极创造条件，让中学生在学习和交往中体验快乐、享受快乐。

（1）教师要创造条件让学生在学习中享受快乐。

在学习中获得的快乐体验可分为两个层次：基于兴趣的快乐和基于成功的快乐。两种快乐相互影响，在不断的学习过程中两者又互为因果。

基于兴趣的学习，是学生在学习中体验快乐的前提条件，有了兴趣，学生就会积极主动地学习，并从中获得愉悦感，这是较为初级的学习快乐体验。有些兴趣有一定的持久性，有些兴趣是短暂、易消失的，学生一旦对某些学习失去兴趣，就难以获得学习的快乐。因此，教师的教育教学需要不断挖掘最能激起学生兴奋和好奇的内容，引发学生学习探究的兴趣。

教师为此创造条件主要体现在：教学前全面了解学生状况、广泛而深入地解读教材、大胆创新地设计教学，教学中综合运用讲授、合作、探究等多种教学方式，激发学生求知、探索的兴趣、意愿和热情。如在某个具体的新知识的课堂教学中，教师可以通过采用真实的生活情境引出问题的方式，建立新知识与学生已有生活经验的联系，吸引学生的注意，激发学生学习的热情；在教学形式上，灵活组合讨论、参与、体验、合作等多种方式，从而维持学生学习的兴趣与热情。这样，让学生的学习建立在主动学习的兴趣和意愿上，并通过了解未知世界而获得快感。因此，如何把貌似枯燥的教学内容设计得生动活泼、兴趣盎然，从而让学生体验学习的快乐，是与教师的教学智慧和辛勤努力分不开的。

然而，要让学生保持学习的兴趣和学习的乐趣，仅仅依靠教师在教学方面的推陈出新、巧妙设计是不够的。更长效的方法是让学生获得学习的成功体验，因为建立在成功基础上的快乐是更高级、更能持久的快乐。学习是具有一定目的的活动，学生会有一种要达到目的的愿望。当学习活动取得成功，愿望达成时，学生便会获得一种心理满足感，这种满足感会带给学生快乐的情绪。而且，如果学生由于获得成功而受到鼓励和表扬，就会更加强化这种情绪体验。这种满足和快乐又将产生一种继续追求得到满足的需要，从而产生进一步学习的动机和兴趣，由此形成学生在学习中“有兴趣—快乐—成功—快乐—有兴趣……”的良性循环。因此，教师为学生创造条件，使他们能够获得学习上的成功体验是让学生享受快乐学习的根本途径。

教师在教学中创造条件，体现为根据学生特点设计难易适度的教学内容。维果茨基的“最近发展区”理论认为：“学生的发展有两种水平，一种是学生的现有水平，指独立活动时所能达到的解决问题的水平；另一种是学生可能的发展水平，也就是通过教学能够获得的能力水平。两者之间的差异就是最近发展区。”这一研究充分证明了教学在发展学生能力方面的重要作用。因此，教师对教学内容的选择与设计应着眼于学生的最近发展区，为学生提供具有一定难度同时又是通过努力能够学会的学习内容，从而调动学生的积极性，使他们通过学习，跨越其最近发展区达到更高发展阶段的水平。我们的教学实践也证明，教学内容如果太难，学生很难学会，就会产生挫败感，多次挫败感的累积就可能导致学生丧失学习的兴趣，更体会不到乐趣；反之，学习内容如果太简单，学生轻而易举地就能掌握，也会减弱学习成功感带来的快乐，还可能让学生产生乏味、厌烦的情绪。

因此，教师需要充分把握学生的学习现状，找到学生的最近发展区，同时，教学中要有意识地增加有层次的设计，这样才能满足不同学生的发展需要。不仅让成绩优异的学生进行有挑战的学习，更要尊重、帮助学习上有困难的学生，为他们创造体验成功、享受快乐的条件。

（2）教师还要积极创造条件让学生在交往中享受快乐。

学生在学校生活中，与同伴、与教师建立良好的关系，有利于他们身心的健康发展，是他们在学校生活中获得快乐的重要途径，也是享受快乐的重要表现。

同伴关系是年龄相同或相近的青少年之间的一种共同行动并相互协作的关系，也是青少年交往过程中建立起来的一种人际关系。心理学研究表明，中学生更趋向于合作而非竞争的关系，他们喜欢合作也乐于合作。在学校生活中，良好的同伴关系可以满足青少年的社交需要，使他们获得安全感和归属感，有助于儿童掌握社会交往技能，获得平等互惠的观念，同时还能够促进青少年自我概念的形成和人格的健康发展。在与同伴交往中建立起的友谊有利于为青少年提供情感支持，消除孤独、威胁等方面的压力，可以提高青少年的自尊心，获得学校生活的愉悦感。

丰富多彩的学习活动、集体活动、娱乐活动、体育活动和社会实践活动可以给学生提供更多的交往机会，同时，多样化的交往形式也更有利于学生间信息交流、思想表达能力的提高。教师应该在教学中，创造更多让学生合作的机会，促进学生间形成协同合作、互帮互助的良好关系；在课堂外，鼓励学生参加各种各样的文娱、体育、社会实践等集体活动，并积极组织这样的活动增进学生更广泛多样的交往。

与此同时，教师还需要关注学生间的交往状态，敏锐发现学生间不当的交往，并及时阻止、纠正。学生间的欺辱行为近年来逐渐受到重视，有调查表明，欺辱行为在学生间普遍存在。欺辱行为表现为以大欺小、以强凌弱，有打骂、起侮辱性外号的直接欺辱，也有背后说坏话、群体排斥的间接欺辱。学生间的欺辱可能导致弱势一方的身体和心理的伤害，严重者惧怕上学，更有极端情况可能导致学生自杀。因此，教师应重视学生间的交往状况，对于错误的行为要批评教育；对于受欺辱的学生，应给予更多的关爱，为他们提供更多展示自我、发展自我，获得成功的平台，使他们逐渐摆脱自卑和恐惧的心理，感受学校生活的快乐。

除了与同伴的交往，在学校生活中学生交往最多的就是教师。和谐的师生关系是保证教学质量和师生间良好互动的先决条件，也是学生享受学校快乐生活的重要基础。

和谐的师生关系意味着师生之间相互理解、尊重、关怀和帮助，能使学生产生强烈的积极情绪，并转化为自己积极上进的内部动力，还有助于学生个性的社会化，形成良好的行为习惯、道德品质、健全的人格。为此，教师需要创设民主的学习氛围和温馨的学校生活环境，形成民主平等、尊师爱生、教学相长的和谐师生关系。在教学活动中，鼓励学生畅所欲言、发表不同的观点；在学校生活中，尊重学生的人格，平等对待每一个学生，让他们感受到教师的关爱。在这样和谐、融洽的师生关系中，学生爱戴教师、信任教师，学习的主动性和自觉性增强，归属感、自我认同感增加，更容易产生积极的情绪，感受到学校生活的快乐。

22

教师如何培育中学生良好的意志品质和行为习惯？

意志品质是个性发展中比较稳定的个人品质，这种稳定的个人品质其形成不是自然而然的过程，而是与青少年早期所接受的教育和培养有着密切的关系。它包括自信心、坚持性、自我延迟满足等。而行为习惯更是个人发展中最重要的组成部分之一。英国哲学家、思想家、作家和科学家培根说："习惯是人生的主宰。"教育家叶圣陶先生说："教育就是培养习惯。"《现代汉语词典》中解释说："习惯是在长时期里逐渐养成的、一时不容易改变的行为、倾向或社会风尚。"可以说，意志品质和行为习惯都是人生之基，都需要从小教育和培养。为此，《中学教师专业标准》就明确规定教师要"引导中学生自主学习、自强自立，培养良好的思维习惯和适应社会的能力"。

青少年正处于人生的初始阶段，一切都要学习，可塑性强，但自控能力较差，既是养成良好的意志品质和行为习惯的关键时期，又是沾染不良行为习惯的危险阶段，如果不适时培养良好的意志品质和行为习惯，便会错失良机，养成不良行为习惯，而积习难改，习惯成自然，给将来的发展带来难以弥补的缺憾。那么，教师应当如何培养学生良好的意志品质和行为习惯呢？

要想知道如何培养学生良好的意志品质和行为习惯，首先要知道什么是良好的意志品质和行为习惯。叶圣陶先生认为："我们社会主义社会的教育，就是要培养学生在社会主义社会里生活的一切良好习惯。在德育方面，要养成待人处事和工作的良好习惯；在智育方面，要养成寻求知识和熟悉技能的良好习惯。"可以说，良好的意志品质和行为习惯具体有道德行为、劳动习惯、生活习惯、卫生习惯、学习习惯、社交习惯等。

对于上述内容，教师可通过以下途径培养：

（1）循循善诱，向学生提出明确而严格的要求。

教师在提出每一点要求时，事先都要经过周密考虑，做到要求合理。教师要根据学生不同年龄阶段所具备的不同能力，提出的要求须逐步提高，循序渐进。

（2）不断鼓励，让学生在练习中慢慢养成良好行为习惯。

学生的意志力不能持久，注意力很难长期集中。根据学生的这个特点，要采取不断鼓励的办法，矫正他们的不良行为。

（3）注意矫正学生任何一点细小行为的错误。

学生往往是从细小的过错慢慢地养成不良的行为习惯的。在日常生活中常常发生这样的事情：有些学生经常上课迟到；有些学生上课不注意听讲，喜欢东张西望、交头接耳……对这些行为都不能采取姑息的态度，任其发展下去。教师的提醒不是解决问题的最好办法，应调动学生的内在因素，激发他们的上进心，让他们变被动为主动，自觉遵守纪律。

（4）教师以身作则，做学生的表率。

青少年有很强的可塑性和模仿能力，他们模仿的最直接的对象是教师，对教师的言谈举止，观察最细、感受最强，而且会有选择地模仿教师的言行。这就对教师的言行提出了较高要求。因此，教师要注意从自身做起，严于律己；凡要求学生做的，自己首先做到；不让学生做的，自己千万不能做，一旦违反，要勇于承认错误并改正。正如古人所言："言教不如身教，其身正，不令而行；其身不正，虽令不从。"所以教师应规范自己的言行举止，为学生起表率作用。

23

教师在与中学生相处过程中应该注意哪些态度言行？

21世纪的社会是一个以知识能力为主、以人为本的社会。人的整体素质是社会发展优劣的重要标志，教育便成为我们发展的根基，要培养出真正的人才关键在于教育，培养出逆势而行的人也在于教育。而教育中的教师与学生的关系便是搞好教育的第一步。师生关系是影响教学效果的关键因素，也是体现教师师德的一个主要方面。我们国家提倡的新型师生关系是建立在“民主平等、尊师爱生”的原则基础上的。从教师的角度讲就是要“爱护学生”，体现“以人为本”的指导思想。爱是教育的金钥匙，没有爱就没有教育。

（1）师生交往是人际交往中的一个重要方面，有着与一般人之间交往不同的特殊性。

师生交往中应该注意以下禁忌：

第一，忌冷漠无情。教师首先应该意识到，对学生的冷漠无异于否定自己的人生价值。一个态度冷漠的老师无法让学生体会到情感的召唤，无法激起学生对老师的爱戴、信任和期望。师生之间的交往离不开情感。

第二，忌傲慢粗暴。无论教师还是学生，在相处和交往之中都不应傲慢和粗暴，只有缺乏修养的人才会表现出这些行为。傲慢的教师原本想显示自己有能耐，然而真正的能耐是由学生感受到的，而不是自己标榜和炫耀出来的。教师的粗暴也许能暂时镇服学生，但是这种方法永远不可能真正征服学生的心。学生对教师一般不会表现得傲慢，但要注意不能有粗暴无礼的态度和行为。

第三，忌过分偏爱。教师不应该对个别学生过分偏爱。十个指头不一般长，学生里也有好、中、差，让教师对学生完全一视同仁，恐怕也比较难。但是，再差的学生也期待着教师的培养教育，正如再丑的孩子也离不开母亲的疼爱一样。教师如果过分偏爱好学生，冷落后进生，就会大大伤害后进生的自尊心，造成师生之间的隔阂与对立，有的学生则由此而更加自卑，进而影响学业以至人生的道路。帮助学生发现自己的价值并努力去实现它是每个教育工作者的天职，这就要求师生平等，先进生和后进生平等，形成真正的平等的师生关系。因此要求教师不仅要平等地善待每个学生，同时要根据学生特点，因材施教地创设一个和谐、愉快、积极的教育气氛，充分发挥每个学生的个性，使他们都能得到全面发展。

第四，忌互不尊重。学生对老师最应该注意防止的就是不尊敬老师或对老师无礼。学生在老师面前言谈举止失当，故意怠慢老师，或认为老师教书是本分，犯不着讲什么礼节、客套等，这将会给师生关系蒙上一层阴影。对教师最大的不敬是不好好学习，试想，一个为学生呕心沥血的教师，如果得到的是学生调皮捣蛋、不好好学习、成绩落后的回报时，会是什么样的心情？而对教师来讲最为禁忌的就是对学生缺乏关爱，不尊重学生人格。如果教师伤害了学生的自尊，给学生带来什么样的结果是很难预料的。

第五，忌苛求。一个教师往往面对的是几十个学生，让每一个学生都感到满意显然是不易做到的。在师生交往中，教师很可能有这样或那样的疏忽与缺点，学生不能过于苛求，不能以偏概全，应该对教师有所体谅。良好的师生关系离不开谅解、宽容的态度。当然，双方如果发现对方有缺点，要真诚地以恰当的方式指出来。爱是教师教育学生的前提，是教师的一种教育能力。教师的爱，对学生学习、个性发展影响甚大。师生间的宽容，需要师生间相互尊重，在人格上实现平等。师生间的宽容，还需要提倡一种相对自由的、民主的态度。

（2）当教师明确了在与学生相处过程中应该注意哪些态度言行之后，作为教师，最重要的是把爱洒向每一个学生的心田。

作为一名合格的教师，不仅要爱优等生，还要爱中等生，更要爱后进生。一句话，教师要把爱洒向每个学生的心田，把每个学生当作自己的儿女、朋友。尤其是后进生，他们或是不愿意受纪律的约束；或是缺少修养；或是没有良好的学习习惯；或是不爱学习，成绩极差。他们经常受歧视、挨批评，压抑、自卑、逆反情绪重，逐渐变得冷酷、孤独。尽管有些后进生妄自尊大、旁若无人、为所欲为，但他们的内心是空虚的，这就需要教师用真挚、炽热的爱去感化和温暖他们，需要教师对他们尊重、信任，以理服人，以情感人，爱中有严，在教学实践中实施爱的情感的信念。

第一，尊重、信任学生。拉尔夫·沃尔多·爱默生曾经说过："教育的秘密在于尊重学生。"尊重、信任学生是教师对爱的情感和行为的具体表现，青少年学生自尊心强，教师在处理学生事件时，重视维护学生的自尊，才能取得最佳的教学效果。比如有一位智力发展水平一般，学习成绩不好，被同学看不起的学生，但在热爱集体、热爱劳动方面，全班没人比他强。教师抓住这一点，经常表扬他，慢慢提高他的自信，使其他同学对他改变看法。后来，他压抑的心情变得开朗，学习有了劲头，成绩也逐步上升。

教学中要尊重、信任每位学生，允许他们对教师提意见。不管什么样的学生，一般都不要当众批评指责，而应尽量用单独谈心的方式。无论对什么样的学生，要和颜悦色，不讽刺、挖苦，不把自己凌驾在学生之上。平等待人更是尊重、信任的要点，好学生也有犯错误的时候，后进生也有好的方面，无论是谁做了好事就该表扬，错了就该批评。

第二，要以理服人。以理服人，其核心就是实事求是。教师要针对学生的不同心理和个性特点，因势利导，坚持正面教育。只有对学生充满爱，教师才能做到不管对待什么问题，都不会匆匆忙忙，主观臆断地下结论；不会采取简单、粗暴的压服方法；不会遇到什么性质的问题都用一个模式的教育方法去处理；而是循循善诱，用摆事实、讲道理来打动学生的心灵。因而"顶牛""撞车"这些反映师生思想隔阂的现象就会很少发生，师生感情才会更加融洽。例如，某位女生丢了十元钱，在班上引起了轰动。大家的目光不约而同地集中到某男生身上，因为他过去曾犯过类似的错误。他也感觉到了，脸很红，低头不语，难道真是他吗？教师对此最好的办法是当场不表态，课后再召开班干部会，请学生提供线索，并在班会上讲先进人物关心集体、关心他人胜过自己的故事，并让大家对照自己谈谈感受，自行反省，通过私下查证来解决问题。

第三，要以情感人。以情感人就是以平等的态度对待学生，用真挚的情感温暖学生，使他们在潜移默化中感受到爱。诗人泰戈尔说："爱是理解的别名。"以情感人，建立和谐的师生关系，关键在于教师对学生的理解。教师应主动地了解学生，爱护学生，不仅关心他们的学习，还要关心他们的身心健康，建立起情感沟通的桥梁。因为只有理解学生，才能有师生情谊，有了感情，才能有沟通思想的办法，有了办法，才能解决问题，才能尽到教书育人的责任。理解学生，需要教师有赤诚之心，真挚之情。如果教师接新班级则要课上课下与学生紧密联系、交谈、游戏，同欢乐、同忧愁。几天时间就可以让他们感到教师不是可怕、令人生畏的，而是和蔼可亲的。对学生要关怀备至，对成绩不好的学生要坚持给他们补课；对家庭经济困难的学生，要帮助他们解决学习用品；对于智力水平较低的学生，不歧视，要对他们照顾得比其他学生更加周到。相信这样做，一定会给这些幼小的心灵带来安慰和温暖。

第四，要爱中有严。爱和严是对立又统一的两个方面。爱中有严，严中又体现着爱。学生由于自制力不强，不善于控制自己的情绪，往往会有意无意地犯些小错误。对此，教师必须用严格的纪律来约束他们、要求他们，使他们言行规范。古人云："严师出高徒。"这句话是有一定道理的。对优秀生或班干部，应要求他们处处以身作则，做同学们的表率；对后进生更不能放任，要用更多时间和精力对他们严格要求，做细致的思想工作，并且持之以恒；对没有良好学习习惯的学生，更要严格教育。教师帮助学生改正缺点，学生有了进步，就不会疏远教师，而会与教师更加亲近。

教师的工作是辛苦的，但创造出的价值是无穷的。因此，教师的工作也是极其光荣的。正如冰心老人所言："有了爱就有了一切。"教师只有将自己最珍贵的爱洒向每一个学生的心田，才能做一名深受学生尊敬爱戴的老师。

24

教师如何对中学生倾注“真爱”？

《中学教师专业标准》中要求教师尊重学生，理解学生，爱学生。但是怎样去爱呢？常听教师们抱怨，学生不听话，老犯错误，结果教师没有了耐心，学生没有了激情。那么怎样才能让学生真正体会到教师的苦心与热情，重新唤起他们对学习和生活的激情呢？这就要求教师对学生要有爱，有真爱。不求回报的爱才是真爱，只有爱才能走进学生心里，才能实现育人的目的，才能真正配得上教书育人的天职！

（1）爱学生，就要尊重和信任学生。

上海市的一项“关于师生关系现状的调查报告”披露了这样一个调查结果：被调查的学生中，感受到教师“爱”的只有5.6%，而“不注意、不知道”的占46.5%，也就是说，教师付出的“爱”被学生“领情”的不到十分之一。造成这种现状的主要原因是教师的“爱”或是“包办”“民主欠缺”，或是表现为“恨铁不成钢”的训斥、打骂。教师与学生在人格上是完全平等的，因此对学生的爱不是“主宰学生”，也不是施舍、怜悯，更不是训斥、打骂，而是表现为尊重、信任。尊重学生的思想、主张，尊重学生的人格，相信学生的潜在智慧、积极向上的愿望和战胜困难的勇气。当教师的爱以“尊重和信任”的方式表达时，学生才会乐意接受，才能获得情感上的满足，从而产生积极的情绪体验。在这种情况下学生会把教师当成可以信赖的人，愿意敞开自己的心扉，接受教师的教育，师爱也就转化为积极接受教育的内部的动力。苏联教育家马卡连柯成功转化偷盗成性的流浪儿谢苗的故事，就是通过尊重和信任来达到教育目的的。尊重和信任学生，但并不是迁就、放任学生。

（2）爱学生，就要激励和期望学生。

当学生面对挫折时，教师一句鼓励的话语“你能行”，或许会使学生重新树立自信心。当学生害怕困难时，教师期待的目光，或许会激发起学生战胜困难的勇气。在日常与学生的交往中，教师一个眼神，一句话语，一个动作都会对学生产生激励作用。它会使学生重新审视自我，重新确定自己的目标，它会激发学生的潜能和价值，使学生产生跃跃欲试的欲望和勇往直前的力量。教师对学生的激励是学生前进道路上不竭的动力。教师爱学生，往往会有意无意地产生对学生的关怀和期待。这种关怀和期待，是对学生的信任，对学生的肯定，是师生心灵中微妙的相互接触。这必然会使学生产生一种精神力量，激发学生潜在的能量。在教师的期待之中，暂时落后的学生也会有长足的进步。“罗森塔尔效应”就说明了教师内心期望和关怀的效应。因此，教师要把这种关爱施予每个学生，这对每个学生都会产生积极深远的影响。

如果我们每个教师都能将“师爱”投注于日常工作的点点滴滴中，爱生如子，那么让每个孩子都喜欢你就不会是一句空话，无数模范教师也将会如雨后春笋般涌现。

教书育人是一门艺术，教师的魅力在于睿智，教师的伟大在于宽容，教师真正的力量不完全是知识的权威，而在于关爱。关爱的方式决定关爱的品质，关爱学生就要尊重学生，人都有自尊心，教师必须尊重每一位学生作为人所拥有的价值和尊严，尤其是那些有过错、有严重缺点的学生。对学生的尊重意味着不伤害学生的自尊心、不体罚学生、不辱骂学生、不冷落学生、不嘲笑学生、不随意当众批评学生。要做到这些，除了教师自身要有比较高的修养、比较睿智的育人技巧之外，更重要的是教师对学生要有强烈的爱心和责任心。只有真诚地对待学生，才能真正地关爱学生、尊重学生。

关爱每位学生，幸福每一个家庭。所谓“关爱”，就是说教师必须了解每个学生，并对他们充满关心和爱护。关爱学生是容易的，但对学生真正的关爱，是一种境界，更是教育上的一种远见卓识。

（3）爱学生，需要更新教育观念。

在呼吁社会给予教育更多支持理解的同时，我们教师需要一次彻底的教育观念的改变。教育观念不仅直接影响教师的教育行为，还能间接影响教师的道德行为，它既表现在教师对待学生的态度、行为和方法上，又表现在教学、教育的具体行为上。教师的教育观影响着教师对教育地位和作用的认识，教师的学生观影响着对学生的评价，影响着教师对学生成长的关注程度，同时，也显示出教师的师德水准。师爱和母爱一样都是人间最美好圣洁的情感所在，有了爱才能投注倾注，才能把知识传授，才能使教育者欣然接受。现在的学生都非常敏感，教师是不是真的爱他们，他们很容易能感受得到，所以教师需要“蹲下身子”和学生交流，和他们交朋友，让学生觉得你是值得信任的，感到自己在老师眼里是重要的，从而树立起信心。每个班级都会或多或少存在一些学习基础差、不爱学习、思想品德不健康等有诸多缺陷的学生，相对于好学生来说，他们更需要关爱，老师不能排斥他们。因为他们认为自己什么都做不好，长此以往，对学习失去了兴趣，对做生活中的任何事都失去了信心。所以，我们要有意地安排他们多参加一些有意义的活动，在课堂上以相对简单问题有意地多提问他们，有意地让学习好的同学帮助他们，让他们觉得这个班集体需要他们，在教师眼里，他们同样很重要，从而对自己有信心。教师要点燃学生思想的火花，激发学生的学习热情，张扬学生的个性，让学生健康地成长。

爱心来自教师的使命感和责任感。教书育人是教育事业的奋斗目标和责任，也是教师的崇高使命。古往今来，任何一个社会的统治阶级都要通过教育培养出能够为他们的统治服务的人才。在今天处在社会主义初级阶段的中国需要各方面的人才。教师是培养这些人才的主力军，责任重大，重于泰山。我们要把培养人才的责任感、使命感转化为自己教书育人的动力，落实在教学工作的各个方面、各个环节上，满腔热情地关爱学生、教育学生。

爱心来自教师的无私奉献。教师的无私奉献主要体现在传授知识的整个过程中，没有任何先决条件和要求，不计较名利。过去很长时间内，教师的生活是清贫的，但他们都毫无怨言，努力耕耘。今天，教师的待遇显著改善，社会地位也大幅度提高，教书育人成了一个被人尊敬和羡慕的职业和岗位，这就要求我们更珍重自己，尊重人民教师这一光荣称号，正确处理自己的名、利和对教学工作无私奉献的关系，把自己的心血播撒在学生这一沃土上，使之茁壮成长。

有人曾说，教师如园丁，精心呵护着一朵朵含苞待放的花朵；有人曾说，教师似红烛，熊熊燃烧了自己，照亮的却是学子的灿烂前程；有人曾说，教师是人梯，给学子搭起一个腾飞的支点。无论用“春蚕到死丝方尽，蜡炬成灰泪始干”来赞誉他们，还是用“捧着一颗心来，不带半根草去”来讴歌他们，抑或是用“鞠躬尽瘁，死而后已”来评价他们，他们都当之无愧啊！

2008 年5 月13 日23 时50 分，救护车的鸣笛声响彻整个汉旺镇——中国地震应急搜救中心的救援人员在德阳市东汽中学坍塌的教学楼里连续救出了4 个学生。当救援人员挖出了德阳市东汽中学教导主任谭千秋的遗体时，发现他双臂张开趴在一张课桌上，死死地护着桌下的4 个孩子。孩子们得以生还，他们的谭老师却永远地去了……

5 月13 日凌晨3 点，何老师被挖了出来，现场的人们惊呆了：满身、满脸鲜血和泥土的她还有着微弱的气息，两条胳膊紧紧护住怀里的两个学生。“娃儿有没有事?”听到怀里的两个孩子都没事后，她微微笑了笑，“要不是为了这两个娃儿，我埋在下面这么长时间根本就撑不下去……”她的话，让在场的男女老少都失声痛哭。

因为有爱所以我们没有放弃，因为有爱所以世界上有了奇迹！教师没有华丽的舞台，也没有簇拥的鲜花，“三尺讲台，一块黑板”就是挥洒人生的天地。他们在默默地传递着文明的火种，默默地传承着民族的智慧。日出日落，春夏秋冬，坚守在讲台上，面对着那一双双渴求知识的眼睛，教师用他们那如诗如歌的声音播撒着爱的阳光、智的甘霖。江河把我们推向浩瀚的大海，曙光给我们带来明媚的早晨。亲爱的老师，是你们把众学子引向壮丽的人生。有一种爱无与伦比，有一种情无法忘记，那就是老师的爱和情。正如有人说：“老师您已经找到了自己的位置，其实，您的座标只在我们心里。还有谁比您站得更高，看得更远?”

25

如何减轻中学生课业负担？

中学生课业负担过重是长期以来困扰基础教育的顽症，严重阻碍着全面素质教育实施和党的教育方针的全面贯彻，已经给中学生健康成长造成了很大的影响，社会上出现了“救救孩子”的呼声，青少年发出了“还我童年，还我青春”的强烈呼唤，那么该怎样减轻学生过重的课业负担呢？

（1）充分认识“构建和谐高效课堂”和“减轻学生课业负担”之间的关系。

教学中发现，学生过重的课业负担是全面推进素质教育的最大障碍，它消耗了学生学习的兴趣，使他们丧失了学习动力。在学生眼中，学习成为了一种不得不完成的、被动的苦差事，其危害性不言而喻。在大环境及社会大机制基本不变的情况下，如何“减负”是当前摆在中小学校面前的一项刻不容缓的大事。所以在新课程改革的推进过程中，我们应当正确认识学生课业“负担”问题，让学生课业合理化。为了改变当前教学中学生负担过重的现象，教师应采取各种有效的措施减轻学生过重课业负担。特别要在教学的主阵地——课堂上下功夫，即构建和谐高效的课堂，有效减轻学生过重课业负担，让学生全面发展，提高他们的综合素质，从而使素质教育向着健康有序的方向发展。

（2）坚持“以人为本”的理念，构建和谐高效课堂，减轻学生过重的课业负担。

“以人为本”，就是“以教师为本”和“以学生为本”。“以教师为本”就是要相信教师、尊重教师、依靠教师、发展教师，为教师创造良好的工作环境，使教师心情愉快地、高效地工作。“以学生为本”就是要相信学生、尊重学生、依靠学生、发展学生，尊重学生生命成长的规律和合理需要，一切为了学生的发展，一切适合学生的发展，一切为了促进学生的发展，我们不仅要满足学生的学习需要，更要为学生的终身发展打下应有的基础。教师和学生是课堂教学的重要组成部分，所以，构建高效课堂，减轻学生负担，教师和学生应首先认清自己的位置，并作好必要的角色准备。

第一，课堂45分钟要有效率是教师减轻学生过重负担的重要途径。

众所周知，拖堂、补课现象是学生过重负担表现之一，本来一节课可以掌握的知识，却非要占用学生宝贵的课间休息时间，甚至还需要通过补课才能掌握，久而久之，形成了一种恶性循环，使得课堂教学的效果下降，学生的负担大大加重。因此，教师要有高水平的教育教学知识、高质量的教案、高艺术性的教法以及科学的学法指导。

首先，教师要作好充分的课前备课。没有预设的课堂是放任的，必然也是低效的。要构建高效的教学课堂，充分的课前准备就显得非常重要了。新课标针对学生不同年龄段的身心特点，对不同学段的教学目标做出了科学而具体的规定。所以，充分的课前准备不仅要备教材，还要“备”学生，“备”整个的课堂设计，并对课堂作好必要的预设。其实，真正的备课需要我们每一个教师在更广阔的天地里不断地学习和积累，用自己的一生来准备每一节课，这样方能做到厚积而薄发，为实现高效课堂打好坚实的基础。教师自己要通过以下几个方面掌握高水平的教育教学知识：一是经常学习教育理论，订阅各种教育刊物，从中获得教育新信息，吸收新营养；二是多参加群众性的教研活动，从中吸取精华，摒弃陈旧落后的教学方法，吸取成功新颖的教学方法；三是在教学实践活动中，要走特色之路，根据学生特点，结合自己的教学特点，设计出新颖、富有活力的教学方法。

其次，教师要能激发活跃的课堂状态。一堂苍白而毫无生气的课，会使学生毫无学习兴趣，教师讲得模模糊糊，学生听得糊里糊涂，教学效果可想而知。只有能让学生的思维总处于活跃状态，积极地探索知识并试图将刚刚获得的知识转化为能力，这才是一节高效的课。在组织课堂教学的各环节中，教师要时刻牢记学生才是课堂教学的中心，要精心设计能调动学生课堂学习主动性的方法。只有通过学生的亲身实践和领悟去获得知识，才是最佳学习途径。因此，教学过程中，要彻底改变把知识强行“塞入”学生大脑的“注入式”传统教学模式。教师要由“演讲者”转变为“编剧”和“导演”，创造一种使学生能真正处在“做中学”的情境，促其自觉、积极地学习知识和思考问题。所以，每个教师都应该追求高艺术的教法，使自己的教法达到“随风潜入夜，润物细无声”的理想境界。

再次，教师要提供科学的学法指导。著名教育家陶行知先生指出：“我以为好的先生不是教书，不是教学生，乃是教学生学。”所以教师在传授知识的同时，还应注重学习方法的指导，帮助学生掌握科学的认知方法。科学的学习方法为创造高效课堂提供了重要保障。

第二，提高学生能力是减轻学生过重负担的有效方法。

减轻学生负担，不是以削弱学生能力为代价的，相反，我们大力推行素质教育，提高学生能力反而是减轻学生负担过重的有效方法。

首先，培养学生课前预习的习惯：预习不止是把书本看看，还要思考一些基本的问题如是什么？为什么？这样行吗？跟以前的知识有什么联系？等等。预习了，听课就能有的放矢，会抓重点、攻难点，课堂自然就更加高效，负担也就相应减轻了。

其次，培养学生课堂学习的习惯：上课要做到“声声入耳、字字入目、动手动脑、用心学习”，讨论问题时要主动参与、积极发言、积极思考，达到课堂高效收益，从而减轻训练时的负担。

再次，培养学生课后巩固的习惯：坚持先复习后做题。复习是巩固和消化学习内容的重要环节，把所学知识认真复习一遍，该记忆的记住了，该理解的理解了，然后再做作业。

课堂教学中只有教师的“一头热”是很难产生高效课堂的。所以，良好的师生关系既有利于提高课堂效率，也有利于减轻学生负担。所以，我们要求教师要尊重学生、热爱学生；少一份抱怨、多一份赞赏，让他们在轻松、愉悦的课堂情境中高效地获取知识，提高能力。

第三，科学设置课程，让学生既能学又乐学是减轻学生过重负担的重要渠道。

首先，严格控制学生在校活动总量。在控制学生在校活动总量方面，学校从领导层到教师层都要做到层层落实，不要私自加重学生的负担，必须把学生的活动总量控制在一定的范围之内，不能超量，不拖堂、不补课，只有这样，才能真正地把学生的过重负担减下来。

其次，科学安排课表与作息时间表。其实，在时间上科学地安排课表与作息时间表也可以减轻学生的过重负担。例如：文科与理科的合理搭配，活动课与文化课的科学搭配，学习时间与休息时间的有机结合，都可以使学生在学得好的同时，又不过重地加重脑力劳动。

再次，严格控制补课。补课现象的普遍存在无疑使学生的负担“雪上加霜”。少补点课，尽量不补课，扎扎实实地上好课，才是我们真正减轻学生的负担的出路。靠补课来提高学生成绩的做法，本身就是有违科学规律的。

事实上，以上“减负”做法不是以牺牲学生的知识和能力为代价的，相反，不仅“减负”，而且“增效”，对于培养学生的能力，发展学生的个性特长，真正全面的推行素质教育将起到莫大的作用。

（3）坚持学习先进教育理念和开展教学研究，构建和谐高效课堂，减轻学生课业负担。

高效的课堂就是要改“带着知识走向学生”为“带着学生走向知识”的师生共同发展的生态性课堂。简言之，高效课堂就是追求效果、效益、有序的教学，就是要在有限的时间内，让学生获得更多的发展。为达到这个目标，不但要有先进的教育教学理论做指导，还要不断地创新课堂教学，让学生的负担真正减下来。

教学中要做到上课突出重点，让学生动口、动手、动脑，学生能讲的让学生讲，需要教师讲的，也应尽量留给学生思考的余地。从学习的角度引导学生抓住关键问题、关键句，突破知识难点。让学生掌握知识的规律，运用规律去解决学习上出现的问题，只要他们掌握运用规律的方法，就不会在陌生的问题面前束手无策了。

加强复习，尽量减少遗忘。“温故而知新”，有经验的教师常在新课之前对新旧知识有关联的基础知识进行复习，这样既有利于旧知识的巩固，又有利于新知识的学习，因为复习是巩固知识的有效方法。在上课前 5 分钟可以安排复习，新课进行中也可适当结合复习，在新知识多数学生已掌握的情况下，仍然可以插入旧知识强化练习，这样既可以使学生的旧知识得到巩固，又可以使学生在分析、鉴别中更清楚明确地理解新知识，同时又能加深对旧知识的理解。根据遗忘先快后慢的规律，复习应及时，其间隔时间应该先短后长。在单元、期末结束前，应该进行系统的归类复习训练，让学生了解知识的结构，使学生学得轻松、学得愉快，从而减轻学生的负担。

总之，中学生学习负担问题，牵涉面极广，它既是一个十分重大的理论问题，也是一个教育实践问题。我们既要在理论与实践上探讨减轻学生学习负担的思路与办法，又要注意避免降低对学生学习的要求而使教育质量下降的倾向，以求真正培养出符合社会需要的跨世纪人才。

26

促进中学生身心发展的基本策略和方法有哪些?

中学生心理健康是指中学生能够充分发挥自己的最大潜能以及妥善地处理和适应人与人之间、人与社会环境之间的相互关系。具体来说，就是无心理疾病以及具有一种积极发展的心理状态。评价中学生心理健康的一些特征有：现实地自我认识，承认自我，接受自我；对现实合乎常理地认识和反应，能有效地控制自己的观念与行为；对挫折有承受力，具有正常的自我防御机制；行为方式与社会角色一致，符合常规；能正常健康的交往；具备统一的人格，心理保持延续性。

简而言之，中学生身体健康是指身体形态、身体机能、身体素质、体质以及营养状况都比较良好。

(1) 中学生身心发展特点。

第一，中学生身体发展的特点。

中学生身体发展的特点主要表现在以下几个方面：①身体外形逐渐强大。人一生中有两个生长高峰期，第一个高峰期是零岁到一岁，第二个高峰期是十一二岁到十五六岁。处于中学初期的中学生正处于成长的第二阶段，他们的身高、体重等都变化较快。②身体机能逐步健全。处于中学中期的中学生身体上最为突出的变化就是身体机能的健全。③三大性征的出现和性成熟。第一性征是指生殖器官（男性的阴茎、睾丸，女性的卵巢、子宫等）迅速发育，与成人接近；第二性征主要是指体态：男生的喉结迅速增大，嗓音开始变粗，胡须、胸毛、腋毛等也逐渐增长，夜间开始出现遗精的现象，而女生则表现为乳房突出，阴毛、腋毛等增长，开始出现月经现象；第三性征主要是男性气质与女性气质的明显化，此时男生一般身体高大、胸肌发达，而女生则盆骨变宽，体态丰盈。

第二，中学生心理的阶段性变化。

中学生心理的阶段性变化主要表现为：①认知能力提高。认知能力的提高主要体现在：感知与观察质量的提高，教学对中学生观察、实验的要求使得中学生观察水平不断提高，能够通过观察抓住事物的本质特征，但观察的精确度有欠缺；中学生的注意力开始倾向于稳定，学习中能够较快的集中注意力；记忆力达到新的水平，中学阶段属于学生记忆力高速发展的时期，逐渐开始了理解性的记忆。②情感的升华。在对事物形成基本的认知后，中学生开始实现自身情感的升华，并且情绪的多样化使得中学生情绪相当不稳定，受到夸奖或是取得成就时容易激动、兴奋，遇到挫折、失败时又常常悲观。但他们对于情绪的表达比较内敛，更多的表现为内心情绪的积压，也正是这种隐忍性的表达方式极易对中学生的身心发展带来不良影响。③意志品质的发展。处于中学后期的中学生已经能够独立完成各项任务，在处事的果断性、坚持性等方面的意志品质也有所发展。但他们的意志品质发展还不健全，他们在不利环境下极易出现激动、不冷静的行为，而且容易受外界的影响，对积极意志品质与消极意志品质的认识不够深入。

（2）中学生身心健康常出现的问题。

中学生心理健康问题大致可分为四类：学习方面的问题，个人情绪、行为方面的问题，社会适应方面的问题，家庭教育方面的问题。

中学生心理健康问题的主要表现有：学习和升学竞争导致的过度焦虑；人际交往中的心理矛盾和冲突；与父母、师长缺乏理解和沟通导致的心理矛盾和冲突；青春期生理与心理发展引起的困惑与不安心理；个性发展不完善导致的心理问题等。中学生常见的身体健康方面的问题有：营养不良和肥胖、近视、龋齿、贫血等。

（3）促进中学生身心发展的基本策略和方法。

针对中学生身心发展规律与自身存在的问题，有的放矢地进行各种指导工作，有利于中学生身心的健康发展和学习效率的提高，也有助于增强他们的社会适应能力。

第一，生理指导。

身体外形的剧变、体内组织和器官的机能不断增强以及性功能的日趋成熟，使一些学生感到困惑、情绪不佳或出现不良行为。因此，学生需要了解生理卫生方面的知识，这有助于学生对身体变化的了解、认识，更好地适应变化。在学生的身体急速发育的关键时期，指导他们合理地饮食，杜绝饮酒、吸烟等不良习惯，保证营养物质的供应，使他们按照体育卫生要求去锻炼，都是非常必要的。向学生介绍有关高级神经活动的规律以及大脑皮层活动规率与学习效率之间的关系，引导学生科学地使用大脑，既利于其神经系统的正常发育，又能提高他们的学习效果。性功能的日趋成熟常使有些中学生由于毫无心理准备而茫然失措，甚至过分紧张或担心害怕。因此，向中学生介绍生殖系统特别是性器官的解剖结构和生理特征，让学生预先了解青春期身体发育的变化以及这些变化发生的时间，使他们事先知道怎样对待遗精或怎样处理月经，适时发现和纠正他们的一些错误做法，有助于促进其生理的正常发育。

第二，解决中学生身体健康问题。

针对中学生常出现的健康问题，给予有针对性的指导：①营养不良和肥胖问题。中学生中营养不良和肥胖问题并存。贫困地区学生营养不良是因为地区贫困，学生热量、蛋白质摄入不足。在经济发达地区也会有营养不良现象，原因是有些学生偏食、挑食、吃零食过多，或为追求苗条身材过度节食等。教师和家长要纠正学生的错误认识，让学生们知道，正在青春发育阶段，营养跟不上，容易生病，学习没有精力，并且对身高和发育会有很大的影响，一定要注意饮食均衡。肥胖的主要原因是环境因素，大多是由于摄入多消耗少（缺乏运动）造成的，尤其是孩子处于青春发育期，特别要注意控制饮食，养成良好的饮食习惯。②近视问题。造成近视的原因主要为不注意用眼卫生，坐姿不正确，光线不足，用眼过度等。其主要原因是用眼过度，教师应减轻家庭作业量，家长应控制孩子看电视、打游戏、上网、玩手机的时间，并且平时让孩子多吃一些富含维生素 A、能帮助消除眼疲劳的食物，如各种动物的肝脏、鱼甘油、奶类、蛋类、胡萝卜等。③龋齿问题。要让孩子知道有蛀牙要早点去医院修补。④贫血问题。青少年时期比较容易贫血，在饮食上要注意补铁，多吃动物肝脏、肉类、鸡蛋、水果，尤其是富含维生素 C 的水果（比如橙子）利于铁质的吸收。

第三，学习、升学和就业指导。

中学生的学习任务比较基础、根本，学习问题很容易成为影响身心发展的因素。教师要教学生掌握有效的学习方法，形成熟练的智力技能，教会他们如何快乐、有效地学习。这些可以在课堂中进行，但由于课堂教学时间有限，且以学习新知识为主，因此，对学生进行单独的指导很有必要。升学和就业指导方面，中学生在选择升学和就业方向时存在很大的盲目性，不能很好地评估自己、预测未来，不知道如何正确地做出选择，并且不能自觉地为未来的生活做好充足的准备。因此，有必要进行具体指导。其次，指导学生分科，确定学业方向，指导就业方向。

第四，心理指导。

对中学生的心理指导主要在以下几个方面：①帮助学生树立正确的人生观和世界观。世界观、人生观是人格结构的核心，中学生正处在人生观、世界观形成的时期，只有拥有科学、正确的人生观、世界观，才能对社会、对人生、对世界有正确的认识，采取适当的态度和相应的行为方式。②帮助学生充分认识自己，正确评价自己、接纳自己。中学生的自我意识能力在不断提高，但他们还难以充分认识自己，正确评价自己，这需要老师的进一步指导和帮助。③帮助学生建立良好的人际关系。中学时期正处于社会化过程的重要时期，中学生应积极主动地与他人交往，建立良好的人际关系，特别是良好的同学关系、师生关系等。从人际交往中，学生可以互相帮助，增进沟通和理解，得到更多的社会支持。④帮助学生保持健康、稳定的情绪。发展时期的学生，容易受外界的影响，情绪常处于不稳定的状态，所以中学生要学会控制情绪，保持健康、愉快的心情。⑤帮助学生认识开展心理咨询的必要性和重要性。受中国传统观念的影响，人们普遍认为找心理医生，别人会用异样的眼光来看待。教师要纠正学生的这一错误认识，让学生明白求助心理咨询并不是因为有病，只是由受过专门训练的专业人员为学生解析心理问题、提供心理帮助的过程。

第五，建立学校心理教育机制。

在中学开设专门的心理健康教育课程，加强心理健康教育的普及，做到全体学生参与。比如，建立心理咨询室，开展心理咨询和心理辅导；建立专门的宣泄室；开设心理咨询热线；对一些较为普遍的心理问题也可以进行定期的讲座等。

第六，充分发挥家庭教育的作用。

邀请学生家长到校座谈，增强家庭心理教育意识，提高家长的心理素质，使学校教育与家庭教育密切而有效地配合。要引导家长尊重孩子、充分的信任孩子；教育和疏导相结合；理智地分析孩子的心理健康状况，既不能小题大做，也不能错失良机。

第七，呼吁全社会的关注与参与。

建立校内外一体化网络，积极开展社区“关注中学生心理健康问题”宣传活动，呼吁全社会关注中学生身心发展，给中学生一个良好的发展空间。形成关心学生心理健康人人有责的良好局面。

总之，我们应树立科学发展观，注重中学生的身心健康问题，积极采取措施，努力追求和创造适合每一个学生身心健康和谐发展的教育。把中学生培养成为全面发展、健康成长、高素质的综合型人才。

27

预防中学生各种伤害和侵犯行为发生的基本策略和方法有哪些？

学校伤害事故是指学生在校学习、生活、活动期间，其人身受到侵犯，导致伤、残、死或其他无形损害的事件。学生的行为问题和同伴行为对学生的伤害发生有显著影响，有行为问题者是伤害发生的危险人群。侵犯，也叫侵犯行为或攻击（行为），是对人或事物等对象带来有害结果的行为，在中学生中最常见，其负面效应较大。它介于过失行为（发生于孩子的某些不符合道德要求而又未达到品德不良程度的行为，表现为恶作剧、故意违反纪律，爱骂人、好打架、撒谎、考试作弊、损坏公物等）和青少年犯罪行为（青少年违背法律，给社会造成危害的现象和行为）之间，是过失行为的延续、发展和极端表现，又是青少年暴力犯罪行为的前奏、起因或初期表现。主要表现为动作侵犯和语言动作侵犯（也叫身体物理侵犯和信息心理侵犯）。

（1）中学生的群体特征。

青少年期是生理心理、发育的关键阶段，也是行为问题发生的危险期。特别是当代青少年学生的一个共同特点是独生子女居多，一些社会学者将他们称为“第五代”或“网上一代”。他们有一些主要特征：兴趣广泛，思想活跃，对新事物、新思想极具好奇心并易于接受，爱赶时髦、追时尚；趋于早熟，自我意识和自主性增强，“自我中心主义”表现明显；世界观、价值观尚待形成和成熟，处于一种不成熟、不稳定状态，极易受到不良文化、价值观的影响；缺乏坚韧、毅力和抗挫折能力，心理调适能力差。

同伴行为对学生自身行为方式有较大影响。同伴是青少年在社会交往中非常重要的社会关系。多数青少年具有群体观念，他们的言行、爱好相互影响，信任同伴胜过信任父母和老师。在某些场合，青少年会在同伴压力下采取一致的行动，有时明知某些行为不健康、不安全，但迫于同伴压力也会去做，如吸烟喝酒、过马路横冲直撞、沉溺于网吧等。当然这些行为的发生还与环境诱惑、个性、家庭背景及所受教育有关。所以在学校的同伴教育中可以从积极的角度出发，引导同伴压力，这对帮助学生建立健康行为方式、减少伤害的发生有积极的作用。

（2）中学生发生各种伤害和侵犯行为的主要原因。

第一，中学生侵犯行为的主要原因。

个体受挫而没有及时解决的话，容易引起侵犯行为的发生。中学生发生侵犯行为的主要原因：①学习压力大。初中升高中以及高中升大学的压力对学生来说是个很重的包袱。②就业压力大。有一些学生并不想在学业上继续下去，想早点工作，但如何选择自己适合的工作以及如何能在就业形势很严峻的情况下顺利找到工作，都是让学生焦虑的问题。③情感压力大。青少年时期感情逐步敏感起来，特别是现在的孩子比较早熟，如何处理好感情与学习之间的关系。还有一些中学生由于个体性格特点，想交朋友，渴望得到别人的关心，但自己的付出又不到位。如果孩子不能调节好自己的情绪，改善自己的个性，与同学建立良好的人际关系，那么就很容易发生侵犯行为。④心理不成熟。中学生正处于快速成长的时期，认知、情绪、意志等方面都不成熟。当他们面临挫折时，往往不能冷静地分析，积极地调节自己的情绪，而通常以消极的行为发泄自己的不满，以求得心理平衡。

第二，中学生伤害事故产生的原因。

中学生伤害事故产生的原因多种多样，主要有以下几个方面：①学校设施存在安全隐患。比如设施设备陈旧老化，或地板太过光滑，当学生快跑、急转弯时，很容易滑倒。②学生安全意识淡薄。由于安全意识淡薄，学生容易出现意外伤害。比如学生之间互相嬉戏、相互打闹时造成意外伤害；打球等体育运动动作过猛导致摔伤；攀跳不慎造成跌伤；骑自行车精神不集中导致摔伤等。③家庭管教不到位。由于家长工作忙，对孩子的管教和监控不够，容易出现问题，比如外出上网与社会青年发生矛盾，遭遇勒索和殴打。④社会治安环境复杂。学生在上学、放学途中，可能会遭遇不法分子的抢劫和伤害。

（3）预防中学生各种伤害和侵犯行为发生的基本策略和方法。

中学生的行为表现由心理过程所决定，在一定程度上行为是心理过程的一种反映。学生所处的环境、精神、性格、生活方式等各种因素在伤害、侵犯行为发生的过程中起重要作用。在伤害和侵犯行为的预防和控制工作当中，应当强化对学生的心理卫生教育、纠正不良个人心理行为、培养健全的个人行为特征，促进中学生心理行为的健康发展。

第一，加强中学生的思想品德教育。

注重对学生思想品行的培养，使学生形成正确的世界观、人生观和价值观，唤醒良知，增强他们辨别是非的能力、自我观察和自我评价的意识，增加对社会、对他人的责任感以及内疚、羞愧、恐惧和承诺等行为控制力量，使他们的行为符合社会规范，以抑制侵犯、伤害行为的发生。要加强学生的思想道德教育，使青少年的道德水平得到提升。

第二，加强学校安全管理，并对学生进行安全教育。

加强学校安全管理，对学生进行安全教育，可采取以下措施：①健全学校安全管理制度。②规范学生安全行为。学生安全意识淡薄是伤害事故产生的主要原因，增强学生的安全意识应教育学生知道哪些是安全行为，哪些是危险行为。③增强教师的责任意识。首先，教师要尊重中学生独立人格，维护中学生合法权益，平等对待每一位中学生。不讽刺、挖苦、歧视中学生，不体罚或变相体罚学生，防止学生因此而受到的伤害。其次，教师要时刻注意提醒学生的行为方式，是预防学生伤害、侵犯行为发生的第一道防线。④营造安全校园文化。比如，在校园里悬挂安全宣传标语，设置安全标志牌，张贴安全宣传画，出版安全教育专栏等；学校广播站开设安全栏目，每天对学生进行广播，提高学生们的安全意识。⑤有调查表明，几乎一半的事故是因学生安全意识淡薄而发生的。因此，通过形式多样，内容丰富的安全教育活动，增强学生安全防范意识，是预防学生安全事故发生的关键。

第三，对学生进行心理健康教育、进行心理辅导。

学校有必要加强心理健康教育和辅导，增加青少年应对现实不如意的心理承受能力，以避免消极情绪的积累所导致侵犯、伤害行为的产生。挫折—侵犯理论认为，挫折仅仅为人的侵犯行为提供了一个心理准备，并不是所有的挫折都会引起侵犯行为。面对同一挫折情境，不同的人会产生不同的挫折认知，进而产生不同的挫折反应。如果一个人具有健康的心理和良好的心理素质，能及时调节自己的情绪，就会对挫折产生理智的反应，从而减少侵犯性行为的发生。并且，对中学生进行心理健康教育是避免各种突发事件的需要。

第四，引导学生进行适当的心理宣泄。

控制侵犯行为的另一重要途径是恰当的宣泄。研究表明，不正常的心理状态及情绪必须得到宣泄，才可以有效地降低人的侵犯性。否则不良情绪便会通过侵犯性的行为发泄出来，造成社会危害。大量的实例证明，宣泄是释放情绪的良好手段，如：观看经典影片可满足人的同情心和消除恐惧；通过参加文体活动来消耗侵犯能量；通过向老师同学倾诉、心理咒骂等途径来宣泄自己的情绪，释放侵犯能量，以减少破坏性情绪。

第五，建立学校、社会、家庭的安全网络、并控制大众传媒的不良影响。

学生安全是学校、家庭和社会的共同责任。学校在加强学校自身安全管理和安全教育的同时，要与公安、消防、交通、工商、卫生防疫等部门共同维护学校及周边地区的治安、消防、交通、市场经营秩序和食品卫生安全。

总之，预防中学生伤害、侵犯行为的发生，是一个系统工程。这不仅需要学校非常重视，做好各项教育和管理工作，同时也需要家长、甚至全社会共同为青少年的健康发展创造良好的环境，使学生能够快乐地生活，健康地成长。

28

中学教师应该具备哪些学科知识？

关于现代教师应具备的知识，虽然众说纷纭，但教师的知识结构应反映时代的知识水准和培养培训教师的专业要求，教师培训的主要使命应是在教师身上发展社会期待于他们的伦理的、智力的和情感的品质，以使他们日后能在他们的学生身上培养同样的品质。教师的专业知识不是线性发展的，而是广泛的，具有整合性、多功能、多元化等特点。

美国卡耐基促进教学基金会主席舒尔曼认为："教师的知识基础应分为学科知识、一般教学知识、课程知识、学科教学知识、学生及其学习特点的知识、教育情境知识、教育目的与价值的知识等七类。"国内学者林崇德教授等从认知心理学的角度对教师知识进行了研究，他们认为"教师知识包括本体性知识、条件性知识、实践性知识和文化知识"。刘捷等学者认为，"科学文化知识、学科和教育专业知识是现代教师专业发展所需要的"。综合以上学者的观点，我们认为通过教师培训，使现代教师应具备的知识基础包括以下几个方面。

（1）广博的科学文化知识。

教师专业化的特点之一就体现在对各种不同知识和理论进行选择、组织、传递和评价，并在这个过程中进行知识创新和增值的专业能力。因此，教师不仅要了解和掌握某个具体学科的知识和理论，更要广泛地学习和了解其他相关学科与领域的知识和理论以及各个学科和领域知识之间的关系。教师工作的对象是有待于进一步塑造的人，因此强调教学工作的“人文性”特点，强调教师对普通文化知识的掌握，强调教育涵养人文素质的内在价值。教师只有具备了广博的文化知识，才能够融会贯通、得心应手，使自己更好地理解所教学科知识并把所教学科与其他学科有机地结合起来；才能够有效地激发学生的求知欲望和学习兴趣，满足每一个学生的探究兴趣和多方面发展的需要；才能够帮助学生了解丰富多彩的客观世界，给学生获取多方面知识的机会；才能够帮助自己更好地理解教育学科知识，使自己的教育教学丰富多彩，促进学生全面发展和素质的全面提高。

从各国各地教师教育的实践来看，以下几个方面的普通文化知识对当代教师来讲是不可或缺的：人文类知识，如哲学、社会学、人类学、经济学、政治学、伦理学、历史学、地理学等方面的知识；科技类知识，如一般的自然科学常识，关于文理学科交叉的知识；工具类知识，如外语、数学、计算机、文献检索、应用文写作等方面的知识；艺术体育类知识，如体育、美育、卫生与保健、书法、音乐、舞蹈、戏剧、摄影、绘画、文学欣赏、影视评论等知识；劳动技术类知识，如一般的劳动生产知识，现代工农业生产的基本原理等知识。

（2）系统的学科专业知识。

学科专业知识指与教师任教学科相对应的专业理论知识。如担任化学课教学的教师，必须具有化学专业的理论知识。杜威提出一个人要成为合格的教师，“第一个条件需要追溯到他对教材具有理智的准备。他应当有超量的丰富的知识。他的知识必须比教科书上的原理，或任何固定的教学计划更为广博”。在解释为何教师必须要有大量知识并做到触类旁通时，他认为道理在于：“教师在讲课时，必须有余力来观察儿童心智的反应和活动。学生的问题在教材中，而教师的问题却在于学生对待教材的心理活动内容。如果教师预先不掌握教材，如果不精通教材，可以不需思考而运用教材，那么，他就不能自由地用全部的时间和精力去观察和解释学生的智力反应。教师不仅要感受到儿童用文字表达出来的意义，而且要注意到身体所表现出来的各种理智状况，像迷惑、厌倦、精通、观念的醒悟、装作注意、夸耀的倾向，以自我为中心把持讨论等。”杜威的这种看法是非常有道理的。资之深，则取之左右逢其源。教师的劳动是一种复杂的、创造性的劳动，要成功地完成教学任务，首先要精通所教学科的知识，对自己所教学科的全部内容有深入透彻的了解。教学的许多工作，如选择有价值的学习活动；提供解释；提出创造性的问题；评鉴学生的学习等，都仰赖教师对学科的理解。缺少这种学科背景，即使教了多年的书，学科教学知识并不会在教学的过程中自动地演进。反之，如果对学科有很透彻的了解，则学科教学知识会随着教学经验而发展起来。“教师只有完整、系统、扎实、精深地掌握学科专业知识，才能在科学体系中把握自己讲授的学科，在教学中通观全局地处理教材，使知识在教学中不只是以符号形式存在，以推理、结论方式出现，而且能展示知识本身发展的无限性和生命力，能把知识‘活化’；才能教给学生掌握各种知识、技能的方法，发展学生的智能，举一反三，引导学生在学科知识的海洋中畅快地遨游；才能根据不同的教育对象选择有效的教学方法进行教学，充分发挥学科知识全面育人的价值，在教学中真正实现科学精神和人文精神、理论和实践、知识和人生的统一。”

（3）坚实的教育专业知识。

教师专业化主要体现在对学科知识的组织、传递和评价等方面。教师要成为学生心智的研究者，不仅需要所教学科的专业知识，而且需要教育专业的知识。杜威说：“为什么教师要熟悉心理学、教育史和各科教学法？这主要有两个原因，一种理由是，他能凭借这类知识观察学生的反应，迅速而准确地解释学生的言行，否则，学生的反应可能察觉不出来；另一个理由是，这些知识是别人用过而又有成效的方法，在需要的时候，他就能够凭借这些知识给学生以适当的指导。”具体来说，坚实的教育专业知识又包括以下三个方面。

第一，一般教育学知识。美国各教师协会坚持主张：凡是要做教师的人必须首先修完类似医师和律师所必修的教育学专业课程。其论据的实质是：如果公立学校教师想被人看作是专门人才的话，就必须掌握教育学的高深知识，这样就使他与仅仅受过普通教育甚至较多普通教育的外行人区别开来。21 世纪的教师，应当通晓并熟练掌握教育科学理论知识，这是教师工作“双专业”特点的客观要求；它是从事教育教学工作的理论依据，也是将教师的教学由经验水平提高到科学水平的重要前提。一般的教育学知识范围相当广泛，包括教育基本理论、心理学基本理论、教育管理学、教育法学、比较教育、教育改革与实验以及现代教育技术知识、教育科学研究等。教师只有全面系统地掌握教育专业知识，才能确立先进的教育思想，正确选择教学内容与方法，把自己所掌握的知识和技能科学地传递给学生，促进学生的全面发展。

第二，学科教学知识。"学科教学知识"是教师对教育学、心理学、学科知识、学生特征和学习背景的综合理解。教学本身是个推理的过程，从理解开始，经过转化、教学、评价、反省，而达到新的理解，这就要求一名教师至少能够了解和掌握下列问题：某一学科的中心问题是什么？对某一单元来说核心概念是什么？把这些核心内容传授给学生应采取什么态度和方式？学生的兴趣是什么？如何激发学生的动机？教师如何测验和评估学生的学习成绩？教师的学科知识应该在特性上，而非内容上与其他人不同，教师不是历史学家，而是讲授历史的人；不是科学家，而是教授科学的人。

第三，教学情境知识。专业最终是关于"实践"的。理论知识是从业资格的基础，而专业实践本身是所有知识指向的终极目的。教师的专业发展与专业自主，具有明显的情境性的特点，优秀教师面对不确定性的教学条件能做出复杂的解释与决定，能在具体思考后再采取适合特定情境的行为。在教育工作中，很多情况需要教师机智地对待，这种教育教学的机智不是一成不变的。在一种情况下适宜的和必要的方法，在另一种情况下可能就是不恰当的。只有针对学生的特点和当时的情境有分寸的进行工作，才能表现出教师的教学机智来。在这些情境中教师所采用的知识来自个人的教学实践，具有明显的经验性，而且，实践知识受一个人经历的影响，所以这种知识的表达包含着丰富的细节，并以个体化的语言而存在。因此，教育工作者除了要充分运用所学的知识以教育学生之外，更需不断地针对教学情境中的问题，运用科学方法，探求问题的可能成因，了解问题的真相，并且进一步研究解决的方法。此外，还要配合时代的进步，不断改进教材教法，以资提升教育专业的品质，并主动参与教学行动研究。教师唯有在教学过程中不断求新、求精，面对问题、解决问题，才有可能带动教育的进步，让学生也在潜移默化之中养成主动的研究精神，并学会搜集资料、分析问题，进而掌握解决问题的技能。

29

中学教师如何强化学科知识？

在教学活动的多重目标中最为基础的是所谓“知识目标”。因此，在针对实现教师专业发展所制定的相应措施中，就必须注重学科专业知识的不断更新和不断积累。诚然，在教师的职前教育中，相应的专业知识已然有了一定规模的积累。但正所谓“书到用时方恨少”，由于教师的职前教育缺乏相应的职业背景，而在职业背景缺失的前提下所积累的知识在体系上不可能丝丝入扣地与职业需求相吻合，这就决定着在教师入职后的履职过程中学科知识的更新与积累必须伴随始终。

从教师自身的角度分析，相关调查的结果使我们总结出：由于中学阶段的学科教学所涉及的知识在体系上与教师在职前教育中所积累的知识存在着较高的相关度，而只是在相应的知识点上其理解的层次不同、把握的分寸各异，这才是教师在职后需要更新与积累知识的主要缘由；又由于针对同一个知识点在教学中去准确把握理解上的不同层次、去恰当拿捏分寸上的微妙差别等是非常困难的，这就意味着教师在职后的针对准确把握理解层次、恰当拿捏微妙分寸的知识更新与积累必须建立在对相应知识的通透领会的基础之上，这无疑是教师职业所固有的对从业者提出的挑战。

鉴于上述认识，针对“注重学科知识的更新与积累”所设置的相应举措是：对在职前教育中所学过的系统的专业知识和专业基础知识进行经常性的温故知新；结合职业行为中的知识性问题对在职前教育中所掌握的基础理论作选择性的深入研究；对通过职业行为中产生的困惑所检验出的职前教育中所接受的系统理论的欠缺部分作修补性地及时补充。

在针对实现教师专业发展所制定的相应措施中，就必须注重学科专业知识的不断更新和不断积累。这就需要中学教师勤于学习，向书本学习、在实践学习、向有经验的教师学习。积极参加社会实践和教育实践，在实践中锻炼，在实践中提高、完善自己的素质结构。

从教学的角度讲，强化学科知识也需要关注许多细节性的问题。大体上有三个有效途径：

（1）回顾复习。

学生平时在每节课中所学的知识往往是零散的，初学某一概念或规律时，不可能理解得十分深刻全面，对于知识间的内在联系，更不可能通过一两节课的学习就掌握好。学习一段时间以后，回顾一下所学过的知识，通过回顾复习，把零散的、片段的知识条理化、系统化，不仅可以适当地拓宽和加深，而且可以纠正和弥补认识上的错误和缺陷，使学生对知识的理解更准确、更深刻、更全面、更系统。

（2）应用知识。

应用所学的知识解答习题或解决实际问题。在应用知识中，不断地总结、反馈知识掌握情况的信息，不但能使学生巩固、活化基础知识，熟练实验技能，加深和扩展知识，而且能帮助学生建立解决问题的思路，获得解决问题的正确方法，促进由知识向能力的转化。

（3）归纳整理使知识结构化。

教育心理学表明，孤立的、没有联系的知识在头脑中不可能长期保留，在现实生活中也不会产生多大作用。只有把所学的知识联系起来、组织起来，在头脑中形成良好的知识结构，才有利于发挥知识的系统功能，有利于知识向能力的转化。因此，在学习了某一单元或课程结束前，应找出各知识点之间的内在联系，把所学知识以一定的方式联系起来，使之条理化、系统化、结构化。这样，既能加深对知识的理解，也有利于从整体上对知识进行把握。

学校要根据教育的根本目的、考试政策、学生心理、学科特点、授课深度进行综合教学，同时也注重锻炼学生的非智力品质，真正做到研究与教学相结合，学习与成绩共前进，稳中求实，努力为每一个学生选择最有效的个性化学习方案，选派最合适的教师进行指导。

古人云："不积跬步无以至千里，不积小流无以成江海。"学习也是一样，重视教育，是一些经济发达国家获得成功的"诀窍"。而学生由于这样那样的原因，成绩一直是限制他们发展的主要因素。因此教师必须转变观念，由知识型向能力型和应用型转化，"以能力为本位"，学生只有将学到的知识能够应用到实际中去，才能获得学习的动力，提高学习素养。所以教育改革势在必行，且任重道远，作为教师，我们更应该走在教育改革的最前沿，正视教学的客观实际，以扬弃的态度进行改革，结合所教学科的特点，在实际教学中认真、细心地引导和培养学生，相信我们的付出一定会得到回报。

30

中学教师应该掌握哪些教育教学基本理论?

（一）新型的教育教学理论

建构主义包含两方面内容：一方面是新知识的理解是以旧经验为基础的建构，另一方面新知识的摄入又是对原有经验的改造和重组。因此，建构主义指在学习、在学习者内部发生的新旧知识的交互作用而达到的超越新知识又改造旧经验的重组。这些独特的、新颖的见解导致了一场教育革命。

（二）建构主义指导下的新型教学模式

1. 抛锚式教学（Anchored Instruction）

这种教学要求建立在有感染力的真实事件或真实问题的基础上。确定这类真实事件或问题被形象地比喻为“抛锚”，因为一旦事件或问题确定了，整个教学内容和教学进程也就被确定了（就像轮船被锚固定一样）。建构主义认为，学习者要想完成对所学知识的意义建构，即达到对该知识所反映事物的性质、规律以及该事物与其他事物之间联系的深刻理解，最好的办法是让学习者到现实世界的真实环境中去感受、去体验（即通过获取直接经验来学习），而不是仅仅聆听别人（例如教师）关于这种经验的介绍和讲解。由于抛锚式教学要以真实事例或问题（作为“锚”）为基础，所以有时也被称为“实例式教学”或“基于问题的教学”。抛锚式教学由以下几个环节组成：

（1）创设情境。使学习能在和现实情况基本一致或相类似的情境中发生。

（2）确定问题。在上述情境下，选择出与当前学习主题密切相关的真实性事件或问题作为学习的中心内容（让学生面临一个需要立即去解决的现实问题）。选出的事件或问题就是“锚”，这一环节的作用就是“抛锚”。

（3）自主学习。不是由教师直接告诉学生应当如何去解决面临的问题，而是由教师向学生提供解决该问题的有关线索（例如需要搜集哪一类资料，从何处获取有关的信息资料以及现实中专家解决类似问题的探索过程等），并要特别注意发展学生的“自主学习”能力。自主学习能力包括：确定学习内容表的能力（学习内容表指完成与特定问题有关的学习任务所需要的知识点清单），获取有关信息与资料的能力（知道从何处获取以及如何去获取所需的信息与资料），利用、评价有关信息与资料的能力。

（4）协作学习。讨论、交流，通过不同观点的交锋，补充、修正、加深每个学生对当前问题的理解。

（5）效果评价。由于抛锚式教学要求学生解决面临的现实问题，学习过程就是解决问题的过程，即由该过程可以直接反映出学生的学习效果。因此，对这种教学效果的评价往往不需要进行独立于教学过程的专门测验，只需在学习过程中随时观察并记录学生的表现即可。

例如关于奥运会的一个课例，教师的教学设计主要是让学生用多媒体计算机建立一个有关奥运会某个专题的情境，并以奥运会历史或澳大利亚在历次奥运会中的成绩这类真实性事件或问题作为锚（学习的中心内容），用以激发学生的学习兴趣和主动探索精神，再通过展开讨论，把学生对有关教学内容的理解逐步深入。在这个课例中，学生始终处于主动探索、主动思考、主动建构意义的认知主体位置，但是又离不开教师事先精心的教学设计和在协作学习过程中画龙点睛的引导。教师在整个教学过程中说的话很少，但是对学生建构意义的帮助却很大，充分体现了教师指导作用与学生主体作用的结合。整个教学过程围绕建构主义的情境、协作、会话和意义建构这几个认知环节自然展开，而且自始至终又是在多媒体计算机环境下进行的（同时用Internet实现资料查询），是以多媒体计算机和Internet作为认知工具实现建构主义抛锚式教学的很好课例。

2. 支架式教学（scaffolding instruction）

建构主义教育学者所倡导的“支架式教学”是在苏联著名心理学家维果斯基的理论的基础上发展起来的。支架式教学是通过提供一套恰当的概念框架（conceptual framework）来帮助学习者理解特定知识、建构知识意义的教学模式。借助该概念框架，学习者能够独立探索并解决问题，独立建构意义。“支架”（scaffolding）用来比喻对学生解决问题和建构意义起辅助作用的概念框架。这种概念框架根植于学生的“最近发展区”，通过其支撑作用，学生的认知发展不断由实际水平提升到潜在水平。教师的作用就在于使这种概念框架尽可能完善。

支架式教学的构成要素（或基本环节）可分为如下五个方面：

（1）进入情境。将学生引入一定的问题情境，并提供必要的解决问题的工具。

（2）搭建支架，引导探索。这是教师引导学生探索问题情境的阶段。首先，教师要帮助学生确立目标，为学生探索问题情境提供方向；其次，教师要围绕当前学习的内容，为学生提供探索该学习内容所需要的概念框架，该概念框架应置于学习者的“最近发展区”；再次，教师可以通过演示、提供问题解决的原型、为学生的问题解决过程提供反馈等形式，引导学生探索问题情境。教师的引导应随着学生解决问题能力的增强而逐步减少。

（3）独立探索。教师要放手让学生自己决定探索问题的方向，选择自己的方法，独立进行探索。这时，不同的学生可能会探索不同的问题。

（4）协作学习。通过学生与学生之间、学生与教师之间的协商讨论，学生可以共享各自独立探索的成就，共同解决独立探索过程中所遇到的问题，在共享集体思维成果的基础上达到对当前所学知识的比较全面、正确的理解，最终完成对所学知识的意义的建构。

（5）效果评价。包括个人的自我评价和集体对个人学习的评价。这种评价依然是与问题探索过程融为一体的，不能仅用脱离问题解决过程的所谓“客观性测验”（标准化测验）来评价这种教学的效果。

支架式教学的基本特征是重视社会交互作用和文化在知识理解和意义建构中的作用，认为儿童认知能力的发展不仅是一个个体的过程，还是一个社会和文化的过程。毫无疑问，这种教学模式是社会建构主义教学观的集中体现。

【案例】支架式教学课例

试验班由三年级和四年级的学生混合组成，主持试验的教师叫玛莉，要进行的教学内容是自然课中的“动物”。玛莉的教学设计是，让学生用多媒体计算机设计一个关于本地动物园的电子导游，从而建立起有利于建构动物概念框架的情境（如前所述，概念框架是实现支架式教学的基础，它是帮助学生智力向上发展的脚手架）。玛莉认为这种情境对学生非常有吸引力，因而能有效地激发起他们的学习兴趣。她把试验班分成若干小组，每个小组负责开发动物园中某一个展馆的多媒体演示。玛莉让孩子们自己选择开发哪一个展馆和选哪一种动物，愿意收集有关的动物图片资料还是愿意为图片资料写出相应的文字说明，或是直接用多媒体工具去制作软件，都由孩子们自己选择。然后在此基础上组成不同的学习小组。

这样，每个展馆就成为学生的研究对象，孩子们都围绕自己的任务努力去搜集材料。例如，他们到动物园的相应展馆去实地观察动物的习性、生态，到图书馆和互联网上去查询有关资料，以获取动物图片和撰写说明（将学生引入一定的问题情境，使学生处于概念框架中的某个节点）。在各小组完成分配的任务后，玛莉对如何到图书馆和互联网上搜集素材适时给学生以必要的帮助，对所搜集的各种素材重要性大小的分析比较，也给学生以适当的指导（帮助学生沿概念框架攀升）。然后玛莉组织全试验班进行交流和讨论。这种围绕一定情境进行自我探索的学习方式，不仅大大促进了学生学习的自觉性，充分体现了学生的认知主体作用，而且在此基础上开展的协作学习，只要教师引导得法，将是加深学生对概念的理解、帮助学生建构知识意义的有效途径。例如，在全班交流过程中，演示到袋鼠这一动物时，玛莉向全班教师提出一个问题：什么是有袋动物？除了袋鼠有无其他的有袋动物？有些学生举出袋熊和卷尾袋鼠。于是玛莉又问，这三种有袋动物有何异同点？并让学生们围绕这些异同点展开讨论，从而在相关背景下，锻炼与发展了学生对事物的辨别、对比能力。玛莉在这里连续向学生提出的几个问题，可看作是按照维果斯基的最近发展区理论，用支架式教学法将学生的概念理解从一个水平提高到另一个新水平的典型例证。

31

中学教师如何强化中学教育通识性知识?

在信息社会，知识爆炸的今天，对中学教师的要求不仅仅限于具有本学科的专业知识。作为一名语文教师，具备了精炼的“汉语文学”专业知识就够了吗？作为一名数学教师，有了算数、集合等知识的传授能力就行了吗？答案当然是否定的。在我国，由于历史的原因，学生的偏科，知识面狭窄，高分低能，道德素质偏低的现象已久病成疾。这种现象必须要扭转且势在必行。所以，作为基础教育阶段的中学教师责任十分重大。各学科的教师都应具有“通识性知识”。

中学教师的“通识性知识”是指教师所拥有的有利于开展有效的教育教学工作的普通文化知识。即对于学生的全面成长以及教师的知识拓展都起重要作用的背景性知识。中学教师必备的“通识性知识”包括以下几个方面：①哲学知识类；②自然科学类；③技术方法类；④人文类；⑥艺术类；⑥综合类。要想把我们的学生培养成为德智体美劳全面发展的高素质人才这些方面的知识必不可少。教师在学生心目中的地位是十分高大的，教师的一言一行对学生的影响不容小视，你不会想象到你的哪一个行为或哪一句话会影响他们的兴趣爱好和价值取向。所以教师一定要拓宽自己的知识面，在上述几方面领域内，教师有自己正确且独到的见解和领悟，才不至于误人子弟。“通识性知识”的重要性已十分明了。作为中学教师在日常工作和生活中应该强化“通识性知识”可通过以下几个途径：

（1）读书破万卷，讲课如有神。

教师不要把“教师知识的专业化”误解为就是指数学教师就只讲数学知识、语文教师就只教语文方面的知识，而是要掌握一些“通识性知识”。而获得这类知识的最有效途径就是广泛的阅读。读书是教师知识的源头活水。俗话说“要给学生一杯水，教师要有一桶水”，那么，这一桶水可以用多久呢？所以要通过广泛的阅读不断丰富完善更新自身的知识储备。如果精力有限，可以从经典开始读起。特别是代表人类精神文明最高层次的经典之作。现代教师，不可以把教学工作只停留在低层次的教书匠层面上。要对学生进行精神上的引领，读经典书籍，能够帮助教师成为有思想的教师。而在读书过程中，应格外注意下述几个方面，必要时可做读书笔记。

第一，哲学知识类。

哲学知识在我国没有西方国家那么受重视，但哲学知识可以解决许多矛盾和问题。如“矛盾是普遍存在的”，如果学生了解到这一哲理，就会以正确的心态面对学习和生活中的困难与挫折；“否定之否定规律”，可以激励学生们将不断的探索作为解决问题的好方法，精益求精；“世界是普遍联系的”，可以让学生了解今天的行为可以直接决定明天的结果。哲学知识能够教会学生辩证唯物地看待事情不要形而上学；帮助他们树立正确的人生观、世界观和价值观等。可中学课程中又没有专门的哲学课，这就得靠各学科的教师们了。所以在读书中应该注意积累适合中学生（既在他们的理解范围内，又对他们有益）的知识并牢记，从而同化成为自身的知识。

第二，自然科学类。

中学生普遍对自然科学类知识了解得比较少，同时又充满好奇。对于身边经常遇到的事物总喜欢问“为什么”，如“天空和大海为什么是蓝色的”。所以教师有必要了解一些“常识性的自然科学知识”，包括天文、地理、动物、植物、物理、化学等知识，不求精而专，但是起码要有基本的了解。

第三，人文类。

人文知识是人类关于人文领域（主要是精神领域）的基本知识，包括历史知识、艺术知识、语言知识等。它贯穿在所有的学科之中，是每位教师都有责任讲授的。

获得一系列通识性知识的最直接最有效的途径就是读书。如果真正做到“读万卷书”，那么知识便会融会贯通，讲起课来也一定会丰富多彩的。所谓“读书破万卷，讲课如有神”。

（2）关注时事和教育动态。

看新闻时，大部分人只注意到“前十分钟VIP很忙，中十分钟西方很乱，后十分钟祖国形势一片大好”。但是作为教师需关注到有关我们教育教学工作方面的时事。如：你注意到近期提倡“去行政化教授治校”的朱清时教授了吗？他用实际行动回答并解决着著名的“钱学森之问”（我们的学校为什么培养不出一流的人才）。他回答说：“中国的教育界已经偏离原点太远了，已经不是一个学术机构在办学了，而是一个行政机构。”他对于中国旧的教育体制进行了否定，这促使整个教育界和全体教师都不得不反思。教师应将自己所扮演的角色正确的定位。在你的内心深处，应把自己看作是教育研究人员，而不要去追求做一个行政人员。其实现在中国教育体制正处在一个转型期。所以全体教育工作者责任十分重大，要明白自己正肩负着历史的重任。另外，教师要关注教育部更新的文件及通知，如2012年教育部印发了《中学教师专业标准（试行）》的通知，这标志着我国教师教育迈入一个新的历史发展阶段。关注这些时事文件，可以使教师紧跟时代的步伐。

（3）对于电视网络等媒体取其精华去其糟粕。

电视上有些节目是值得一看的，因为可以从中学到许多有用的知识。这里推荐几档特别有意义的电视节目：《百家讲坛》《走进科学》《今日说法》《非你莫属》《中国好声音》等。看《百家讲坛》能够让我们领略到中国优秀学者的大师风范，更能够从中增长知识，陶冶情操；《今日说法》向观众们介绍一些法律常识以及道德方面的热点话题；《非你莫属》是一档特别的求职类节目，可以从中受益匪浅；《中国好声音》留给了我们太多感动，一群普通年轻人的寻梦之旅，会让人懂得，只要有梦想，什么时候开始也不晚。当然电视网络等媒体有利也有弊。我们必须取其精华去其糟粕，科学地使这一获取知识的渠道为我所用。从而通过多种媒体途径增加自身的通识性知识。

（4）通识性知识不在学而在于积累。

荀子说过："积土成山，风雨兴焉；积水成渊，蛟龙生焉；积善成德，而神明自得，圣心备焉。"中学教师的通识性知识贯穿于日常生活中的方方面面。在与人交流时应注意积累。我们与有思想有高度的人聊天也是获取通识性知识的一个有效途径。其实一些知识不用刻意去学，主要是要求教师做一个有心人，对日常生活中遇到的知识加以注意，便潜移默化地同化到大脑之中了。而且要活到老学到老，随着人生阅历的增加，知识储备日益丰富起来，从而在三尺讲台上为学生们呈现出一个精彩纷呈的课堂。

（5）教学相长。

《师说》中说："弟子不必不如师，师不必贤于弟子，闻道有先后，术业有专攻。"作为教师，在某一方面是一定比学生强的。可是在其他一些方面就说不定了。教师不能有高高在上的态度，而要诚恳地适度与学生交流。学生的见解、思想和见闻等都是最新的。放下架子，虚心向自己的学生学习，可以提高自己的教学水平。教学是师生共同参与的双边活动过程，教师可以在学生讨论与回答问题的过程中收集信息，受到启发，从而有效地促进自身知识的拓展，使教与学不断相互影响、相互促进。与学生交流在一定程度上也是在与时代对话，其中收获到的知识也是十分有意义的。

其实，对于"如何强化中学教师的通识性知识"这一问题，答案十分灵活、方法无穷无尽，这要依靠广大中学教师在教学工作中的不断研究与探索。重要的是，教学时一定要有通识教育这一思想并努力践行，致力于培养出具有宽广知识面的人才，而非知识面狭窄刻板只会考试的"应试工具"。

专题四

基本内容三：专业能力

专业能力是指中学教师的教育教学实践能力，是教师对中学生施以积极影响、引导中学生发展的基础。它集中体现着中学教师在专业理念的指导下，运用专业知识解决教育教学问题的方法和策略。《标准》提出了“能力为重”的基本理念，从“教学设计”等六个方面，提出了二十五项有关中学教师专业能力的基本要求，涵盖了中学教师应有的四方面基本能力：一是教学能力，这涉及中学教师的主要工作，因此《标准》对中学教师专业能力的要求是以教学能力为中心的，其中涉及教学的设计、实施和评价等；二是开展班级管理和其他教育活动的能力，这些工作是“教书育人”使命所决定了的教师教学以外的基本工作，一个合格的教师必须具备这方面的能力；三是人际交往能力，因为教师工作是一项与人打交道的工作，教师必须能够有效地与学生交流，此外，拥有与同事、家长、社区等沟通与合作的能力是有效开展教育教学的基本保障；四是自我发展能力，因为在终身学习社会中，教师只有具有自我发展能力，才能不断提升自己的专业水平，才能适应教育教学工作的需要。

本专题结合《标准》中提出的能力要求，抽提中学教师专业能力发展过程中经常遇到的问题，详细阐释了中学教育教学中的教学设计、教学实施、班级管理与教育活动、教育教学评价、沟通与合作以及反思与发展的能力等内容，为中学教师专业能力的全面发展、教育教学水平的全面提高提供支持。

32

中学课堂教学如何激发学生的好奇心？

好奇心是学生内在学习动机的核心，是一种追求外界信息指向学习活动本身的内驱力，表现为好奇、探索、操作和掌握行为。从心理学角度来讲，好奇心是直接推动学生进行学习活动的内部动力，属于学习动机的内驱力。

“惊奇是科学发展的强大动力之一……只要对别人尚未感到惊奇的东西感到惊奇，就可以做出伟大的发现”（乌申斯基），“思维世界的发展，在某种意义上说就是对好奇心的不断摆脱”（爱因斯坦）。许多著名的科学家如爱迪生、爱因斯坦、达尔文等，从小就有很强的好奇心、求知欲，正是这种好奇心、求知欲驱使他们克服了种种困难，进行不懈的追求，取得了科学上的成就。因此，在课堂教学过程中，教师应充分利用教学艺术，让学生带着强烈的好奇心和求知欲，积极愉快地参与教学活动，主动学习。

（1）好奇心在中学教学中的作用。

第一，好奇心是兴趣的原动力。

在学习中，学生所表现出的好奇心是积极探求新奇事物和现象的一种心理倾向。这种好奇心不是兴趣，但它是兴趣的先导。教师在教学中要善于捕捉每一位学生的好奇心，给予正确的引导，使之朝着有利于培养成为兴趣的方向发展。激发和保护学生的好奇心有利于培养学生学习的兴趣。

第二，好奇心对学习效果有着良好的促进作用。

好奇心具体的心理表现就是情绪的高强度兴奋，这种兴奋能够调动大脑的高速运转，并使之集中于一点。因此，学生具有了好奇心必然就有较强的接受能力、灵敏的反应能力，此时，便能在短时间内接受较多的新知识、新方法，并能较快的完成学习任务。激发和保护学生的好奇心有利于提高教学质量。

第三，好奇心有利于培养学生的问题意识。

保护和培养学生的问题意识是近年来课程改革的一个方面，但目前中学教学存在这样一种倾向，许多学生接受教育的时间越长，提出的问题越少，造成这一现象的主要原因是学生的好奇心和求知欲的泯灭。另一方面，只有少数学生对某些科学事物和现象进行细致观察、深入思考后能提出许多有价值的问题，其中最富有成效的问题都是始于好奇心。

（2）中学课堂教学中激发学生好奇心的具体方法。

中学生在学习时所表现出的好奇心有两大特点：一是好奇心比较广泛，没有明确的方向，对任何看似新奇的事物、现象都好奇。二是学生的好奇心一般比较容易满足，好奇心是由于对事物的某种疑问所引起的，疑问一旦解除好奇心理便因得到满足而消失。由此，可以采取措施有针对性地在中学课堂激发学生的好奇心，并要引导学生充分利用好奇心进行钻研。

第一，利用意外性、认知冲突来激发学生的好奇心。

超出学生的生活经验、出乎他们的意料的教学内容，以及与学生的经验、态度不一致、相冲突的内容极易引发其好奇心。有了意外或认知冲突，学生会立刻产生探讨问题的内在驱动力。当学生解决了认识上的冲突后，他们就会产生满足感。而这种满足感，会成为维持好奇心的强化物。要尽量利用新旧知识之间的冲突，吸引学生的注意，一步步地引导学生通过观察、思考、判断、推理，直至最终独立地作出解答。

第二，创设适当的问题情境，维持学生的求知欲和好奇心。

课堂上，教师应充分尊重学生的个体差异，鼓励他们多问为什么。有疑问就会有思考，有思考才会有创造。设置问题也是有技巧的：在教学中，教师可把一个较难理解的知识或解决的问题，分解为几个较为简单的知识或问题，逐层推进，逐步深入。当教师一步一步把学生引向正确的结果时，学生就会豁然开朗，对学习产生浓厚的兴趣。

第三，有意识地对学生进行学习目的的教育，引导学生的好奇心。

在教学中，灵活安排教学内容，抓住学生好奇心，迎合学生的心理需求，提高学生学习的目的性、驱动力，培养学生即兴创造的能力。教师应经常引导学生认识学习的必要性和迫切性，激发学生自觉学习的热情，并且有意识地让学生利用掌握的逻辑思维、思想方法，自己亲自参与新知识的发现、独立解决问题、善于思辩、习惯于归纳整理，这样才能真正锻炼自己的思维、开发自己的智力、发展自己的能力，才能让学生享受到学习的威力和应用的乐趣，从而把学习当成自身的需要。

第四，创造融洽的学习气氛，保护学生的好奇心。

教学中，教师应当充分尊重每一个学生，切实创造和谐的教学氛围，让他们乐于思考，敢说真话，能在与教师交流讨论中，同中求异、异中求同。有的教师片面强调课堂纪律，把上课时学生的插话、低声议论一概视为不遵守纪律的表现，从而挫伤了学生的好奇心。教师面对学生的主动探究活动，要注意营造一种让学生感到安全、舒适的勇于提问的氛围，让他们可以轻松地通过讨论和头脑风暴提出假设、寻找答案，不要过分关注他们答案的对错。这种融洽的学习气氛使学生充满信心，他们的好奇心得到了保护，学习效率也就会逐渐提高。

第五，让学生体验成功的喜悦，刺激学生的好奇心。

让学生体验成功的喜悦，是培养和激发学生学习动机的有效策略。所谓成功的喜悦是指学生达到预定目标的一种愉快的情感体验。当学生从成功中看到自己的智慧和力量时，就能产生成功的喜悦，增强学习的信心，激发学习动机。正如苏联教育家苏霍姆林斯基所说："成功的欢乐是一种巨大的情绪力量，它可以促进孩子好好学习的愿望。"因此，学生学习内容的难度要恰当，教法上要因材施教。针对不同的学生要分层次要求：特优生应加强对其学习深度和广度的加深和拓广；中等生应加强综合能力的训练；基础不好的学生则应加强基础知识训练，使其学有所得，不断进步，从而增强学习兴趣和求知欲。

第六，利用多种多样的课堂教学形式，唤起学生的好奇心。

多种多样的课堂教学方法，能促进教学形式的多样化，收到预期的教学效果。比如分组学习，即把学生分成小组，这些小组在课堂中提出问题、解决问题，互相竞争，互相评论等。通过这些方法的学习，唤起学生的好奇心，使学生开阔眼界，提高学习能力，从合作中学到了新知，取长补短，在潜移默化中提高了学习能力。多媒体辅助教学，在教学中广泛使用各种多媒体教学手段，图文并茂、影音结合，师生互动，可以提高教学效果。

第七，给予充分的探究时间，延展学生的好奇心。

由好奇心激发的探究活动总是需要一定的时间。如果教师已成功地激发起学生的好奇心，那么就要给予他们充分的探究时间，力争由他们自己找到答案。学生还未进行充分探究，教师就因为考虑教学进度问题而过早呈现问题答案，这会让学生的好奇心半途中止，逐步养成依赖教师讲解的心理定势，好奇心也就慢慢变得难以激发。

第八，利用学习结果的反馈信息，给予适当的评价，强化学生的好奇心。

从信息论和控制论角度看，没有信息反馈就没有控制。在学习中，让学生及时了解自己学习的结果，也会产生相当大的激发求知欲作用。当学生知道自己的进度、成绩时，可以激起进一步学好的愿望，同时又可通过反馈的作用及时看到自己的缺点和错误，及时改正，并激发起上进心，达到强化学生好奇心的目的。

总之，具有强烈好奇心的学生，上课时注意力一般都很集中，外来的刺激很少会干扰他们。并且他们会不受课堂限制，广泛地利用各种知识渠道去获得新知识，像报刊杂志、书籍、校外（课外）活动小组等，都会成为他们的良师益友，这种品质在当今这个科技发达的时代很受用。因此，教师不能仅仅满足于传授给学生现成的知识，而更重要的是需要培养学生自觉主动和独立地去获取知识的能力和欲望。只有这样，才能使学校培养出来的学生不仅能适应社会发展的今天，而且能适应社会发展的明天。

33

如何培养中学生思维能力？

思维是一种复杂的高级认识活动，是人脑对客观现实进行间接的、概括的反映过程，它可以揭露事物的本质属性和内部规律性。即人们在工作、学习、生活中每逢遇到问题时总要“想一想”，这种“想”，就是思维。它是通过分析、综合、概括、抽象、比较、具体化和系统化等一系列过程，对感性材料进行加工并转化为理性认识及解决问题的。思维在实践中产生和发展，从生动直观到抽象思维，再从抽象思维到实践。我们常说的概念、判断和推理是思维的基本形式。无论是学生的学习活动，还是人类的一切发明创造活动，都离不开思维，思维能力是学习能力的核心。

个体思维的发展，在掌握人类历史发展中积累知识的过程中实现。掌握知识和发展思维互为原因和结果，两者是同步的过程，原因和结果不断交换位置。思维强弱的标志有独立性、灵活性、敏捷性、思维的广度和深度、思维的逻辑性、批判性等。

（1）中学生思维发展的特点。

第一，敏锐性。敏锐性主要由年龄特征决定的，主要包括记忆力强、反应速度快、思维角度新。

①记忆力强。因为少年进入初中后大脑皮层飞速发育，此时也是学生思维发育的黄金时期，记忆力也特别强。他们可以在短时间内记住大量的

信息，并能保持很长一段时间，即使失去了这些信息的记忆也很容易恢复，有的甚至成为永久记忆，这为我们的教学带来很大的好处，对学生思维能力的形成也极为有利。

②反应速度快。反应速度快说的是学生从外界提取并处理信息的速度快，这决定了学生的基础知识和能力框架会在这个时期形成。

③思维的角度新。中学生的年龄和心理特征决定他们的思想是没有顾虑，能想到教师没有想到的；他们的思维是发散的，也就能够发现很多别人没有发现的东西。因此教师要因势利导，使学生不断提高自己的思维层次，不固化思想，有创新思维。

第二，思维的不成熟性。中学生年龄小、阅历少且知识匮乏，生理、心理发育还不完善，这就决定了他们思维的不成熟性。

①思维的组织性、条理性差。中学生不善于有目的、有计划、有条理的进行思维，遇到问题时，往往靠直觉经验进行判断，“想当然”地推理，发散性比较明显。

②思维的广阔性、深刻性差。中学生常常是以自我为中心看待事物，因而他们往往只考虑那些能直接从日常生活经验中所建构的事物的意义，而不能从多方面分析问题，抓住事物的本质和解决问题的关键，往往被个别事物的表面现象所迷惑，形成一些片面的、肤浅的概念，思维具有片面性和不系统性。

③思维具有惰性、逻辑性差。中学生往往具有思维惰性，习惯于生搬硬套公式，而不是努力弄懂意义、根据具体问题灵活选择方法。并且中学生往往对某些特定事物的解释感兴趣，而不关心对各种现象的解释是否一致，这与其认知结构中概念模糊、关系含混、内在一致性差的特点有关。例如，学过力学后，他们可以正确回答力与运动的关系，但同时对一个空中飞行的足球进行受力分析时，又可能画上一个沿运动方向的力。

第三，思维能力的可训练性。学生的认识结构、已有的经验和非智力因素对思维状况起着至关重要的作用。

①学生的认识结构。这里的认识结构说的是学生的知识，概念、定理、公式等记忆状况和学生大脑对知识的组织状况。学生能活用这些知识

是教学的一个重要的目的，要提高学生的认识结构就要求教师在教学中勤勤恳恳，使学生掌握（并不遗漏）知识点和各种思想方法。

②已有的经验。问题解决包括大量的技能活动，它要求常用的解题方法的运用能由被动变为主动，再到自动。另外要求学生的实践经验随着知识的增加不断丰富，思维状况更加合理。

③非智力因素。这指的是注意力、意志、态度、动机、情绪等。这些因素与先天条件有关，但也需要后天的训练、培养、教育。

所以，中学生的思维通过知识学习的完整和深化，通过实践的不断加强以及教师不断的科学引导，完全可以不断发展和提高，充分发挥他们思维方面的最大潜能。

（2）如何培养、提高中学生的思维能力。

思维能力的训练是一种有目的、有计划、有系统的教育活动。对它的作用不可轻估。人的天性对思维能力具有影响，但后天的教育与训练对思维能力的影响更大、更深。思维能力训练的主要目的是改善思维品质，提高学生的思维能力，只要能在实际训练中把握住思维品质，进行有的放矢的努力，就能取得理想的效果。

中学各学科知识是我们进行思维训练的基本材料，因此整个计划的制定都应与现行的教学内容同步、吻合，辩证地处理好思维训练与双基知识的关系。

提高中学生的思维能力主要应注意以下方面。

第一，让学生坚持独立思考。学生坚持独立思考，才可以使思维能力发展到创造的水平。独立思考在学习中的表现应当是：善于独立地发现问题，独立地分析问题，独立地解决问题，独立地检验学习成果；也表现为不盲从、不轻信、不依赖，凡事都经过自己头脑思考筛选后，再做出决定。

第二，要让学生置身于问题之中。当有了问题和需要解决问题时，思维才能活跃起来。由未知向已知的转化，就意味着问题的解决。解决科研问题意味着为发明创造打基础，解决学习问题意味着知识由社会向个人转移。因此，不断地发现问题、分析问题和解决问题过程中就慢慢实现了真理的发现和继承，也推动了人类思维的发展。首先，学生要坚持把自己置身于问题之中；其次，教师要精心设计、引导学生学会提出问题、分析问题、解决问题，如在教学中，经常鼓励学生进行一题多变、一题多形、一题多解、一题多编、一题多答等练习，这有利于学生对知识的掌握和智能的发展，是培养和发展学生良好思维品质的有效途径。逐步地培养学生，每当观察到一个事物或现象时，无论是初次还是多次接触，都要问“为什么”，并且养成习惯；还有，每当遇到工作中的问题时，尽可能地从不同角度、不同方向变换观察同一问题，以免被知觉假象所迷惑。

第三，提高学生的语言能力。语言直接影响到知识的储存、流传和继承，关系到思想的交流和思维的正常进行。马克斯和恩格斯说“语言是思维的直接现实”，爱因斯坦说：“一个人的智力发展和他形成概念的方法，在很大程度上是取决于语言的。”首先，要重视中学的语文教学，提高学生听说读写能力；其次，在教师在各科教学中注重让学生进行表达、交流，给学生发言的机会，让他们说猜想、说思路、说算理、说联想，这样，学生的主体性地位会得到充分体现，学习的积极性也能进一步激活。

第四，帮助学生掌握一些必要的思维知识。由于思维是复杂的，人类在长期的实践中，通过成功的经验和失败的教训，总结了一些思维形式（如概念、判断、推理等）、思维规律（如同一律、矛盾律、排中律、对立统一思维规律、量变质变思维规律、否定之否定规律等）和思维方法（如分析、综合、比较、抽象、概括、分量、系统化、具体化、归纳等）等初步知识，如果中学生能汲取这些宝贵的财富，使自己的思维早点进入科学的轨道，那么学习上就会发生质的飞跃。教师可以指导学生学习一些重大发现的科学史，研究前人形成科学成果时的思维过程，可以让学生加深对所学知识的理解，学习如何科学地思维，并且学习科学家百折不挠地探索和创造的精神。

第五，积累知识，并加以应用、系统化。知识和能力是相互促进的，丰富、深刻的知识会促进思维能力的发展。积累知识的过程中需要注意，这些知识深刻地理解了，并自己加以总结、系统化，这样才能在实际运用时得心应手，解决问题时不会那么费劲。并且，平常要注意知识的应用性，能够把知识真正活学活用，而不仅仅停留在书本知识表面。要注重知识之间的相互渗透和迁移，只有知识形成体系后，才能真正被吸收和消化。

（3）锻炼学生思维时要注意的几个原则。

第一，目标性原则。思维能力本身具有复杂的结构，根据中学各学科的教学目标，我们可以将思维品质的五个方面（思维的深刻性、流畅性、变通性、独特性和批判性）作为思维训练的五项指标。这是确定一个学生的智力超常、正常或低常的主要指标。思维的深刻性是一切思维品质的基础，流畅性主要是发散性思维量的指标，变通性则要求从不同的方面去发散。至于独特性因素，则要求以新的观点去认识、反映事物，这就意味着思维空间的重新改组。思维的批判性是在深刻性的基础上发展起来的品质。只有深刻地认识、周密地思考，才能准确做出判断。在中学阶段，可在深刻性的基础上，把训练重点放在培养思维的流畅性和变通性上。

第二，层次性原则。按照青少年的思维从具体的直觉思维，到经验型的抽象思维，再过渡到理论型的抽象思维，最后发展为辩证思维这样一个心理特征，思维能力的发展是一个有着渐进层次的有序过程，在不同年级应有不同的要求。

第三，整体性原则。以系统的整体功能为目标，既注意思维能力中各项指标本身的功能，又注意它们的相互联系和综合功能。

第四，量力性原则。目标的制定要以目前中学生的智力水平为基础，但也要顾及学生思维能力的最近发展区，既不能脱离学生和教师的实际，又要考虑到发展。

34

如何培养中学生创新能力?

创新能力是运用知识和理论，在科学、艺术、技术和各种实践活动中不断提供具有经济价值、社会价值、生态价值的新思想、新理论、新方法和新发明的能力。身心素质、环境和实践是人类创新能力形成的三大必要条件。

创新的基本性质：创新的普遍性，即创新能力人人皆有，创新时时皆有，创新处处皆有；创新的可开发性：即人的创新与创新能力是可以通过教育、训练、时间激发出来并不断提升的，即创新和创新能力的可开发性。

创新能力的特征包括探索问题的敏锐力、统摄思维活动的能力、转移经验的能力、形象思维的能力、联想的能力、侧向思维能力、灵活思维能力、评价的能力、“联结”和“反联结”的能力、产生新思想的能力、预见的能力、运用语言的能力、完成任务的能力等。创新性思维能力是人的创新能力的灵魂；实践是创新能力发展的动力、创新能力形成的唯一途径、检验创新成果的唯一标准。

创新能力是由知识、技能、思维、人格共同构成并相互作用而形成的复杂能力，这种能力的发展有一个由低到高的过程，中学阶段创新能力的培养有助于学生以后高水平创新能力的发展。因此，中学教育不仅应该而且能够培养学生的创新能力，学校要将学生创新能力的培养作为重要任务。中学教育在创新能力培养上所承担的主要任务是：使学生掌握创新所需要的全面的知识技能，形成有利于创新的思维品质，形成有利于创新的人格特征。

创新能力在人生发展过程中的表现。中学时期学生进入学校接受系统的教育，这是创新能力发展的重要时期。而学生成年后，个体生理和心理的发展成熟，智力、自我意识等个性心理特征的日臻完善，以及思维品质的发展，为个体创新能力的发展提供了充分的条件，创新能力会在成年期达到顶峰。中年后，个体的各项技能开始下降，但是知识经验仍不断增长，因此创新能力的水平未必下降。甚至到老年期，个体还会表现出一定的创新能力。这说明，创新能力的发展是一个过程，是一个从低级到高级不断发展的过程。

学生获得的知识技能并不都是有利于创新的，基础教育阶段学生如果获得的是有助于创新的知识技能，那么就会成为高水平创新能力发展的有益基础。反之，则会阻碍创新能力的发展。同样，教育教学活动中学生知识技能的获得，必然伴随着一定的思维品质以及人格特征的形成。而僵化的、模式化的思维方式，对权威的盲目顺从及从众的人格特征等都不利于学生创新能力的发展。因此，基础教育阶段学生的创新能力是高级阶段创新能力发展的基础。同时，心理学、哲学、教育学的研究也表明，一些与创新能力发展关系密切的品质具有发展的关键期，只有抓住关键期对学生进行培养才会更好地促进学生创新能力的发展。虽然低级阶段的创新能力社会意义不太大，但是却可以为以后高级阶段创新能力的发展提供良好的条件。

对于中学生而言，他们创新能力的表现也是多种多样的。可以表现为艺术领域上的创新能力，如绘画、音乐等方面的能力；可以表现为数学、物理、化学等学科学习中的灵活解决问题的能力，如对问题的一题多解的能力或找到全新的有效方法的能力；可以表现为文学创作上的能力和社会调查研究上的创新能力；还可以表现为手工制作上的创新能力以及灵活地处理人际关系的能力等。从大的方面说，可以根据学生学习活动的不同将创新能力分成两类：一类是学生创新地解决学科学习活动中各种问题的能力；一类是解决学科学习活动以外的各种问题的能力，主要是运用所学的知识技能来创新地解决实际生活中问题的能力。因此，与重复性活动相区别，解决实际问题的创新活动是人本质性力量的集中体现。

(1) 中学生缺乏创新能力的一些原因。

缺乏创新能力往往是由多种原因共同造成的，一般而言主要有以下一些原因：

第一，依据思维定式做事情。

思维定式，即在长期的思维实践中，每个人都会形成自己所惯用的、格式化的思维模式，当面临外界事物或现实问题的时候，就会不假思索地把它们纳入特定的思维框架，并以特定的思维路径对它们进行处理和思考。比如，在文化方面人们习惯于把不同的心理素质和精神活动特征强加给不同的性别。社会心理学的研究证明，这种暗含社会性的思维定式，很大程度上影响了创新能力的发挥。虽然青少年还处于人生起始阶段，但随着知识的增加和阅历的丰富，也开始逐渐形成了自己的思维定式。

第二，以直线型的思维解决问题。

学生习惯于用一就是一，二就是二，或“A = B、B = C 则 A = C”的直线型思维方式解决问题。因为他们在学校里养成了这种思维，比如：即使遇到稍微复杂的数学问题、物理问题，大多数情况下只要按照类似的例题的解题思路照搬就行了，对于需要认真分析考虑的历史问题、社会问题，死记现成的答案就万事大吉了，没有养成从侧面、反面以及迂回地思考问题、解决问题的习惯。

第三，盲从于权威。

有些学生把专家、教师、书本等视为权威，从不敢怀疑、不敢挑战、不敢反抗，到不愿反抗，进一步到想不起来反抗。时间久了，就形成一味被动地接受知识了，真的把知识变成了死的，更别说去创新。

第四，缺乏敏锐的观察能力、丰富的想象能力和动手操作能力。

若没有敏锐的观察能力则捕捉不到现有的有用信息，若缺乏丰富的想象能力，发现新问题、解决新问题就会变得很困难，动手操作能力差的话，不利于实现一些新想法、形成新思路，甚至没办法检验你的新发现。

第五，害怕挫折，没有毅力。

有些学生做事情三天打鱼两天晒网，就是坚持不住，看到新题、难题，想了一会就放弃了。甚至有些学生总是认为自己能力低、做不到，又害怕受挫折、被人嗤笑，不敢去实际尝试一下。这样就永远没有机会去创新。

第六，缺乏创新环境，且实践能力差。

若没有形成良好的创新环境，反而打压求异，枪打出头鸟，这样非常不利于学生们的创新。动手操作能力差的话，即使有很好的想法也会因为没办法实施或验证，而与创新失之交臂。

（2）如何培养学生的创新能力？

学生的创新能力与创新意识、创新思维、学生的性格及学校的创新环境、家庭的创新环境等因素有关系，特别教师的教学起了关键性的作用。我们可以通过多种方式引导、培养、提高学生的创新能力。那么，到底要如何做呢？

第一，培养学生的创新意识、创新思维。

其一，先培养学生关注各种问题，然后在解决个问题的过程中不断渴求新发现。也即在解决问题初期，学生会不满足于现有研究对问题的解释，希望能够对问题有新的发现；在解决问题的过程中，会不满足于自己已经取得的成果，而是希望能够进一步深入研究，更好地解决问题，有更大的发现。这种品质即为创新的意识。它使学生对于问题的解决有了深入的可能，有了获得新成果的可能。

其二，教学过程中精心设计问题。问题是思维的核心，只有给出了适当、有趣、有一定深度的问题，才能启发学生思维，调动学生学习的积极性和主动性，促使学生主动学习，积极思考，灵活掌握知识，发展创新意识和创新思维。

第二，培养学生积极的性格特征和良好的心理品质。

在培养和发展学生的注意力、记忆力、观察力、思维力等智力因素的同时，也要高度重视培养和发展学生的动机、兴趣、情感、意志和性格等非智力因素，并使它们相互促进、和谐结合、协调发展。比如勤奋、自信、勇敢、谦虚、细心、进取心、责任感、顽强的毅力等。刺激和鼓励学生对知识的好奇心，使他们建立自信，鼓励他们具有冒险精神和克服困难的勇气，不怕艰苦、不怕失败，百折不挠，坚忍不拔，正确评价自己，认真听取别人的意见等，都是培养创新能力的重要组成部分。特别要培养学生具有良好的意志力。因为创新活动是与克服困难相联系的，活动中既要克服外在的困难（如任务具有挑战性及解决问题条件不充分等困难），更要克服内在的思维定势、知识经验不足以及经受打击的困难。因此，创新的人格需要具有克服困难的良好意志力。

第三，提高学生的实践操作能力。

一方面，鼓励学生自主学习，在教学中尽量让学生积极参与，提高他们的操作能力，这样创新能力才有可能提高；另一方面，开展课外活动，在实践中创新，充分利用生活中有利的因素，培养观察、分析、解决问题的能力。

第四，教师教学的创新。

教师必须有创新意识，改变以传授知识为中心的教学思路，以培养学生的创新意识和实践能力为目标，从教学思想到教学方法、教学过程、教学情境、教学评价等方面寻求突破：①鼓励学生创新，并善于从学生的学习活动中发现、鉴别学生的创造性，承认每个学生皆有创新能力，把他们当作具有创新潜能的主体、具有丰富个性的主体，而不是灌输知识的容器。②教学方法要创新，应选择和使用体现启发性和开放性原则的教学方法，比如启发式教学、讨论式教学。教学过程要具有开放性：首先，需要建立平等、融洽的师生关系，有广泛的交互性。教师在教学中以亲切、平等、探讨的形式与学生交流，并形成主客对调，互为主动、相互作用的交流体系，这样大家才能撇开恐惧，和教师一起探索、发现；其次，加强教学内容与丰富的社会生活联系，一方面社会中鲜活的实例引进课堂，激发学生兴趣，另一方面又引导学生把视野从课堂转入社会。③还要加强学科之间的联系，创设跨学科的综合性学习情境，使学生养成在更广的范围里从更多的角度思考问题；并充分利用现代教学工具和手段，开阔学生视野，激发学生思维；教师还要考虑因材施教，便于学生个性化发展。④教学评价应当是多元的、多维的，把促进学生创新作为评价的基本标准。采用多鼓励、肯定，多引导、点拨的评价方法，使得每个学生的评价在愉快中进行，有利于学生创新精神的发展。

第五，学校激励学生创新。

学校要营造创新的大环境，激励学生们勇于创新。比如举办关于创新的研讨会、需要团队合作的一些实践活动、中学生创意大赛，等等。

35

如何培养中学生自主学习能力？

自主学习一般是指个体自觉确定学习目标、制订学习计划、选择学习方法、监控学习过程、评价学习结果的过程或能力，它与被动、机械、接受式的学习相对。自我导向、自我激励、自我监控是自主学习的关键属性，也即自主学习可以分为三个方面：一是对自己的学习活动的实现计划和安排，二是对自己实际学习活动的监察、评价、反馈；三是对自己的学习活动进行调节、修正和控制。自主学习具有能动性、反馈性、调节性、迁移性、有效性等特征。

自主学习的目的和价值是通过学生的自主学习，培养学生自主性的人格和自主学习的能力与习惯，培养出能学、乐学、善学的学习者，以改进教育现状，改变学生今后的生活命运。也即自主学习不仅有利于学生提高学习成绩，而且是个体终身学习和毕生发展的基础，因此有必要培养中学生的自主学习能力。

自主学习也需要探究与合作。自主学习过程中会遇到一些问题，这就需要经过独立探究来解决，当自己经过探究尚不足以解决问题时，就需要寻求他人的帮助；当被求助者也不能解答该问题时，可能就需要分工协作，共同探究、解决问题。

（1）自主学习的必备条件。

学习者要做到自主学习，必须具备三个条件：其一是心理要达到一定的发展水平；其二是要具有内在的学习动机；其三是应具备一定的学习策略。

第一，自我意识的发展成熟是自主学习的基本条件。

学生到了初中后，自我意识空前发展，且自我监控、自我调节能力的发展保障了他们学习的方向。这个时期学生能制订合乎实际的学习目标和学习计划，可以在学习活动中发挥意志的作用。如果引导得当，学生的自主学习能力能得到很大的发展。

第二，内在动机的激发与强化是自主学习的重要条件。

学习者对学习活动目的性的认识是与其个性心理联系的。自主学习过程中，学生能发现自己知识结构的不完善和不足，从而激发出学生的积极性，不怕困难、挫折。

第三，具备一定的学习策略。

学习策略可以分为三类：具体学习策略、与元认知有关的策略以及资源管理策略。其中，具体学习策略是学生个体为取得最佳学习效果采取的学习措施或策略，如辅助性策略、记忆策略等；与元认知有关的策略表现为学习者在一定目地的指引下的计划、检查、反思等；资源管理策略是辅助性质的学习策略，主要是指对时间资源、信息资源等的利用和掌握。

（2）如何培养中学生自主学习能力？

培养学生的自主学习能力，是一个系统工程，需要师生双方的配合。激发兴趣、指导方法、养成良好习惯是培养学生自主学习能力的三大着力点。教师教给学生的知识是有限的，而学生在学习中遇到问题是无限的。只有教会学生如何学习，让学生自觉自愿地、主动地学，才能为他们进一步学习打下良好的基础。

第一，协助学生养成自主学习习惯。

课堂上的主角应是学生，而不是教师。教师所做的应该是组织好学生，告诉他们干什么，给他们提供学习材料，布置任务，督促检查，解惑答疑，必要时参与其中。初期阶段，教师要帮学生制订自主学习计划，指定自主学习内容，传授自主学习方法，提出各种要求，并检查学生完成的情况。自主学习主要靠充分发挥自己的主观能动性，但如果没有外界的监督，学生很可能难以坚持下去，导致半途而废。因此，教师必须适度地对学生的自主学习过程加以调控。当学生初步掌握了自主学习的方法，形成了一定的自主学习能力后，教师就要加大学生自主学习力度。

第二，为学生自主学习营造和谐氛围，积极灵活辅导，逐步放手。

教师要认识到，培养学生的自主学习能力需要一个相当长的过程，需要循序渐进，反复实践，才能水到渠成。教师要考虑到不同年级学生的具体特点和他们的能力水平，因材施教。在培养学生自主学习能力的过程中，教师一定要勤于观察，勤于收集相关资料，及时了解学生状况，分析问题，总结经验；根据不同学生的具体情况，采用灵活的辅导方式。

第三，提高学生的学业自我效能感。

学业自我效能感是指学生在学习活动中对自己的学习和作业能力的主观评价，它将影响学生对学习任务的选择，影响学生对困难学习任务的情景解释，影响学生学习的成就动机，影响学生面对有一定难度任务时的情绪状态，从而影响学习问题的解决。因此，要培养学生自主学习能力，一定要提高学生的学业自我效能感。

首先，家庭是学生培养效能感最初的环境，也是最重要的环境。学校要充分利用家长会、家访等机会，帮助家长树立正确的教育观，提高家长对孩子的教育效能感受，从而提高学生的学业自我效能感。

其次，帮助学生不断设置合理的学习目标，为学生创造更多能获得成功的机会，提升学生的自我效能感。成功的体验会增强学生的自我效能感；而失败的体验则往往会削弱个体的自我效能感。教师要善于为每一个学生设置贴近他们自身实际状况的学习目标，帮助学生经过努力达到目标，从而提高学生的学业自我效能感。

再次，引导学生合理归因。如果学生把学习成功归因于偶然的机遇或者将学习失败归因于能力不足，都会降低他们的自我效能感。因此，通过经常的训练，要使学生学会合理的积极的归因，以提高学生自我效能感。

（3）实施自主学习的教学策略。

教会学生自主学习的教学策略多种多样，综合国内外研究成果，主要有支架式教学策略、抛锚式教学策略、启发式教学策略和基于互联网的探索式教学策略。

①支架式教学策略。“支架”原意是建筑行业使用的“脚手架”，这里用来比喻对学生解决问题和建构意见起辅助作用的概念框架。通过其支撑作用，学生的认知发展不断从实际水平提升到潜在水平。支架式教学由以下几个环节组成：搭脚手架——设置问题情境——引导积极思考、独立探索——组织合作学习——学习结果评价。

②抛锚式教学策略。就是建立在有感染力的真实事件或真实问题基础之上而形成的一种教学策略。确定这类真实事件或问题被形象地比喻为“抛锚”，因为一旦这类事情或问题被确定了，整个教学内容和教学进程也就被确定了。建构主义认为，学习者要想完成对所学知识的意义建构，即达到对该知识所反映的性质、规律以及该事物与其他事物之间联系的深刻理解，最好的办法是让学习者到现实世界的真实环境中去感受、去体验，而不是仅仅聆听别人关于这种经验的介绍和讲解。抛锚式教学策略实施步骤是：创设情境—确定问题—自主学习。

③启发式教学策略。其基本精神是要充分激发学生学习的内在动机，调动学生学习的主动性、积极性，促进学生积极思维，提倡学生自己动脑、动手去获取知识，引导学生独立自主、积极主动地思考和解决问题。这种教学策略有利于激发学生的学习兴趣，培养学生的学习责任心，提高学生独立解决问题的能力，养成自主学习的习惯和能力。

④基于互联网的探索式教学策略。基于网络的教学使自主学习成为现实，互联网将全世界的学校、研究所、图书馆和其他各种信息资源联结起来，形成一个浩瀚的资源库，世界各地的优秀教师或专家可以从不同的角度提供相同知识的学习素材和教学指导。任何人可以在任何地点通过网络访问，形成一对一、多对多的教学方式。每一位学习者都可以根据自己的特点，在自己方便的时间从互联网上自由地选择合适的学习资源以及适合于自己的学习方式。因此，互联网可以使学生进入完全自主的学习状态。

（4）对自主学习实施过程的具体指导。

①确立学习目标。学习目标的确立有利于促进学生确定学习任务、计划学习进程、形成正确的自主学习态度。这是自主学习的前提，也是迈向

自主学习的第一步。

②确定学习策略。确定正确的学习策略是提高学习效率、发展自主学习能力的保证。

③监控学习过程。监控就是检查学习目标的执行情况，看学习策略是否正确，学习效果是否理想。通过监控，学生可以及时对自己的认知活动做出分析与评价，发现成功与不足，以便及时调整学习思路、改进学习方法，提高学习效率。在课程的自主学习过程中，教师要有目的地要求学生经常检查阶段性目标的完成情况、相应的学习策略的实施情况，以及学习效果如何。

④自我评价学习效果。学习效果的自我评价是学生评价自己自主学习能力的一项重要技能。在学生的自我评价中，教师的指导作用至关重要，教师应给学生介绍一些自我评价的方法。

自主学习也有一定的局限性，比如自主学习难以保证学习者所选择的学习内容形成有机的整体，某些知识可能是不完整的，不容易抓住核心和关键；自主学习由于是自我探索，在时间和精力上显得不经济；自主学习是学习者主动构建自己知识体系的一个过程，前提是必须有最基本的知识体系存在。因此，中学生要在培养自主学习能力的同时，不能忽略传统授课方式所带来的好处。

36

如何培养中学生合作交流能力?

合作是指两个或两个以上的学生或群体，为达到共同的目的而在行动上相互配合的过程。合作与交流是学生学习的重要方式，也是学生将来走向社会应具备的重要本领。在课堂教学中，只要教师善于创设学习情境，教给学生合作学习的方法，搭建交流与合作的平台，那么就会使学生产生强烈的学习欲望和兴趣，积极主动地探究新知，乐于合作，善于交流，进而达到自主学习的目的。

合作学习是指学生在小组或团体中为了完成共同的任务，有明确的责任分工的互助性学习。合作学习有利于学生合作意识的形成，在每一个合作学习中，真正的合作意味着彼此接纳欣赏、互相取长补短和共同携手进步，这是合作的本质，也是合作的最高境界。并且在团体的合作学习中，在接纳别人的同时，学会悦纳别人，学会承担责任，为自己负责的同时，为小组同伴负责，掌握合作技能，学会与人沟通，这有利于发展学生的表达交流能力。学生在合作学习过程中，敢于大胆地质疑、讨论、交流，在讨论中充分享有发言权和评价权。合作学习有利于学生良好心理素质的形成，可以扩大了学生的交流面，形成生生、师生的交流形式，学生成为交流的主体。因此，合作学习是培养中学生合作与交流能力的重要途径。

（1）培养中学生合作交流能力的必要性。

第一，合作与交流是社会进步的必然选择。

现代社会存在的种种弊端，如贫穷、争端、战事等，都是人与人之间不能相互理解、缺乏相互合作的结果，需要全人类的共同努力才能解决这些问题。研究表明，合作是当今社会人们工作、学习和生活的重要组成部分，人们要在合作交流中谋求发展。

第二，合作交流能力的培养有利于促进学生的适应性。

学生之间的合作能够让学生互相认识、相互交流、相互了解，他们在合作的过程中能学会取长补短、尊重其他人，且要善于倾听别人的意见，这正是对学生如何融入群体、集体的训练。合作与交流能促进学生的社会性发展和健康个体的形成。因为人的心理是在人的活动中，尤其是在人和人之间相互交往的过程中发展起来的。

第三，合作交流能力的培养有利于形成学生的独立性和自主性，提高学习效率。

学生合作交流的过程有利于培养一个具有自觉能动性、自主性和独立性的人，培养他们对事物有自己独创的思维与见解，敢于发表自己的意见，并要及时辨别其他同学观点的正确性，从而提高学习的效率。

第四，合作交流能力的培养有利于促进学生的全面发展。

在合作的过程中，学生都有自我表现的机会，通过相互交流、探讨，每个学生都能进一步发现自我、认识自我，获得全面的发展。

（2）如何培养学生的合作交流能力？

第一，教师要确定以何种方式让学生合作以及何时让学生合作。

合作与交流是学生一种很好的学习方式，但并不是多多益善。比如，是整个学年都让学生合作学习，还是仅在一个或几个单元教学中使用，或偶尔使用。教师需要认真研究教材内容和教学目标，选择比较适合学生合作学习的教学单元。再比如，应选择学生不能独立解决的问题、教学重难点、需要考虑多种因素才能解决的问题，来开展合作交流。因为在教学重点和难点处，组织学生进行合作与交流，不仅可以攻克教学重点和难点，更容易有效发挥学生的主体作用，调动学生学习的积极性。教学中遇到的某些问题涉及诸多因素，个体思考很难考虑周全，这时组织恰当的合作交流，使思维发生碰撞，相互启发，取长补短，往往使教学事半功倍。

第二，教师要学会合理分组。

教师在对学生进行分组时，需要掌握班级成员的情况，然后按照异质分组，即每个组中成员的组织能力、学习能力、知识基础、学习成绩、思维活跃程度、性别、心理素质、语言表达能力、守纪情况等都要均衡。应当尽量保证一个小组内的学生各具特色，能够相互取长补短。要确定每个成员的分工，比如，组长负责引导小组活动，确保制定任务都能按时完成；激励员负责激励所有小组成员有效参与活动，确保小组成员各抒己见；记录员负责记录小组讨论成果，分发小组练习资料；噪音控制员要确保小组内的人员发言或活动时声音要小，不要影响他人；检查员检查小组中每个成员知识的掌握程度；报告员负责写学习报告，代表小组进行学习成果汇报等。可以让各个成员互换角色，增进生生互动的有效性。

第三，对合作学习的教学设计、课堂实施。

在教学设计方面，教师应深入研究教材，选择有一定难度、有探究价值，且有一定开放性的课题进行合作学习。并要设计好一堂课的每个环节用多少时间，什么内容需要学生合作学习，合作学习的时间是多少等。在课堂的实施方面，要注意整节课是若干次小组合作学习与全班共同交流共享的结合，教师要对各个小组的活动进行监督和指导，尤其关注学习暂时有困难的学生。

第四，合作学习后的总结。

教师事先确定好合作学习的标准，然后对合作学习进行课后跟踪调查、收集反馈信息（通过与学生谈话或批改作业方式进行），再针对每个小组的表现进行评价。

总之，合作学习中教师的重点是精心设计合作学习，并全程把握学生分析、目标设置、任务选择、匹配策略以及教学过程的展开与评估。但也要注意意外情况的发生，如果这些意外的问题没有得到及时的解决，就有可能阻碍合作学习的顺利进行。

（3）教师在组织学生合作交流时应注意的问题。

第一，注意激发学生合作的动机和愿望。

教师应注意激发学生合作的动机和愿望。受传统教育体制的影响，学生在学习上合作意识比较薄弱，竞争心理较强，因而教师应注重激发学生合作的动机，比如评价小组合作水平作为学生评价的一种，引导学生组间竞争、组内合作，强化学生的集体意识，提高小组的凝聚力。

第二，注意处理好独立学习和合作学习的关系。

小组合作学习需要建立在个人充分独立学习的基础上。合作之前，要让各成员独立思考，然后和同伴交流想法，共同探究解决问题的方法。

第三，注意指导学生学会合作的技巧。

教师要指导学生学习合作技能。首先，明确小组合作的具体教学要求；其次，创设情境，促使学生在实际锻炼中学会与他人共同完成任务。

第四，注意设计有价值的研究内容。

教学中要安排合适的内容进行小组合作，比如要研究的内容需要有一定的难度，且有探究和研究的价值。学生不会对无目的且没意义的合作感兴趣。

第五，注意合理的组织与调控。

学生合作过程中需要调控。特别是合作的初期，学生可能会闲聊无关的话题、开玩笑或冷场、不知所措。出现此种情况就需要教师想办法改善，比如具体指导怎么开展工作，明确各成员的分工，或施加一定的压力等。小组合作应当是在教师指导下的学生之间的互助与合作。

（4）对学生的专项训练。

第一，有效的沟通。

小组成员之间是否能够准确而有效地沟通，是首要的合作技能，它主要包括发送信息和接受信息。发送信息的技巧有：清楚明白地表达自己的思想；使你的言语信息和非言语信息一致；让听者给予反馈。接受信息的技巧：准确而非评价性地复述信息发送者所传达的意思；描述你所看到和理解的信息发送者的思想感受；陈述你对信息的理解，与发送者商讨是否一致。

第二，得力的领导。

即能帮助小组成功完成任务和维持成员之间有效关系的表现。因为只有每个人都有表现机会的时候，小组才会有较大的凝聚力。

第三，信任的建立与维持。

信任包括信赖他人和值得信赖两方面。信赖他人的行为：开放，即把信息、思想、感受、见解等与他人交流；分享，即提供资料和资源，便于小组达到共同目标。值得信赖的行为表现：接纳，即沟通中非常重视他人的行为和贡献；支持，即沟通中向他人传递你看到他的力量，并相信他有能力解决好问题；合作的意向，表现出你有合作的意愿，其他人也是如此。

第四，冲突的建设性解决。

合作交流的过程难免会有争论或冲突。如果冲突能得到建设性的解决，冲突就可能成为创造力、乐趣、高水平推理和有效决策的源泉，如果处理不好，就可能导致分裂和挫败。因此，教师应当提醒学生：视争论为问题解决的情景，不要主观地以为谁赢谁输；辩论中要对事不对人；让所有成员发表个人见解后，再整合观点；变换视角看问题；学会如何磋商谈判；学会如何调和不同的观点。

第五，学生合作学习能力的培养。

让学生学会用什么工具、通过什么途径、收集什么样的资料等技能；学会表达自己的观点；学会讨论问题；认识合作与交流能力的重要性；建立信任、团结互助的关系；增强成员的集体责任感；以友好的态度和方式对待争议。

教学活动，是师生之间、学生之间交往互动与共同发展的过程。这要求紧密联系学生的生活环境，以学生的经验和已有的知识出发，创造有助于学生自主学习、合作交流的情境，使学生通过观察、操作、归纳、类比、猜测、交流、反思等活动，获得基本的知识和技能，进一步发展思维能力，激发学习兴趣，增强学习的信心。

37 如何理解新课程理念下的中学教学方式？

课堂教学方式，是指在教学过程中，教师和学生为实现教学目的、完成教学任务，运用教学手段而进行的，由教学原则指导的一整套方式组成的、师生相互作用的活动方式的总称，包括教的方式、学的方式以及教的方式与学的方式之间的关联。狭义理解，教学方式特指教师在要求学生获取新知、提高能力、实现个人全面发展的过程中，所采用的各种施教方式。

课堂教学方法是指向特定课堂教学目标、受特定课堂教学内容制约、为师生所共同遵循的教育学的操作规范和步骤。而课堂教学方式是构成课堂教学方法的细节，是运用各种课堂教学方法的技术。

传统的教学方式主要以教师的主动讲授和学生的相呼应为主要特征，教师注重通过语言的讲授和行为的传递，实现知识的传授，在教学过程中学生的主体地位不明显。近年来，随着学习理论和现代技术的发展，教育教学观念发生了很大的变化，呈现出新的人才观、课程观、教师观和学生观，直接导致了课堂教学方式的变化。

（1）新课程理念下中学教学方式的基本类型。

新课程理念下中学教学方式的基本类型主要有启发式、探究式、讨论式、参与式、对话式、自主式、合作式等。下面介绍有代表性的几类教学方式。

第一，启发式教学。

启发式教学是创设一种学习的环境，让学生更好地展开学习行为的过程，即教师在教学过程中依据学习过程的客观规律，通过引导、指导、开导、启发等方式激发学生的学习兴趣，使学生主动地、自觉地、积极地学习和思考，并投入实践的一种教学方式。启发式教学实施的根本要求是要组织好学生，也就是要充分调动学生参与启发活动的积极性。在实施这一教学模式时应力求实现启而能发，发而能导，导而不乱。启发学生的关键是定向、架桥、含蓄、揭晓：明确任务后便可进入探究，但具有挑战性的问题往往会难住学生，所以，教师课前要为架桥铺路做好准备；教师要了解在探究的问题与学生的现实之间存在多大差距，考虑设计哪些问题或哪些活动能够化解困难，怎样创设问题情景，怎样问问题可以含蓄地启发学生。这里特别强调含蓄地架桥，如果教师对学生的提示太直截了当，就违背了启发的本意，所以，最好是通过引导学生先从事某些活动，解决某些比较容易着手的问题来帮助学生。比如，利用实物、模型、实例、示意图等直观化手段启发学生先从观察、比较、分析和归纳等活动中得到结论，形成思路。

常见的启发式教学有四种方式：提问启发式、归纳启发式、实验启发式、类比启发式。

①提问启发式，课堂提问是课堂教学的重要组成部分，提问可以有效地启发学生的积极性思维，提供学生参与教学、互相讨论和交流的机会。

②归纳启发式，它是以归纳过程为支配地位的一种启发方式，其明显的特点是从具体到概括或从特殊到一般，在归纳启发作用下，学生运用直观法把他们所观察到的一些具体事例、有关条件、技巧或者解题方法的共同性质加以概括、形成新知。

③实验启发式，是指学生通过具体的活动或实验操作，从中得到一定的认知，使抽象的知识具体化、明了化。

④类比启发式，是借助类比思维进行启发的一种方式，其特点是学生的认识活动是以确定各种对象或者现象之间在某些特征上的相似性为基础

的，它是从相似的一方到另一方，从具体到具体、从特殊到特殊的一种思维方式。

启发式教学中，知识的学习不再是唯一目的，而是手段，实质是领会科学本质、训练思维能力、掌握学习方法的手段，强调的是发现知识的过程，而不是简单地获得结果，强调的是创造性解决问题的方法和形成探究的精神。

第二，讨论式教学。

讨论式课堂教学方式是指，教师不直接讲授现成的教学内容，而是由教师根据教学内容和学生的实际情况设计若干问题，采取谈话、讨论的方式，启发引导学生积极思考、主动探索，从而获取新知的一种教学方式。讨论式的主体形式是师生对话，核心是启发学生思维，培养学生思维的积极性、主动性和灵活性。在讨论中，教师根据学生已有的认知结构，设疑、启发，以对话、讨论为主要方式，并适时运用其他的教学方式。课堂讨论的关键在于教师通过精心设计问题或引导学生自己提出问题，来引发学生参与讨论，激发学生积极地思维与探索，并对所讨论的问题产生自己的观点与见解。具体讨论过程中，教师发挥主导作用，学生发挥主体作用，问题发挥主线作用。但三要素在各自发挥作用时又不是孤立地产生作用，而是三要素的各个环节之间相互联系、相互作用。

第三，探究式教学。

探究式课堂教学方式，就是以探究为主要特征的教学方式。具体来说，就是在教师启发诱导下，以学生独立思考、探索交流为前提，以学生周围世界和生活实际为参照对象，为学生提供充分自由地表达、质疑、探究、讨论问题的机会，让学生通过个人、小组、集体等多种解难释疑的尝试活动，将自己所学的知识应用于解决实际问题的一种教学方式。教师的任务在于调动学生的积极性，促使他们自己去获取知识、发展能力，做到自己能发现问题、提出问题、分析问题、解决问题，并且教师要为学生的学习设置探究的情境，创设探究的氛围，促进探究的开展，把握探究的深度，评价探究的成败。探究式教学要注重开发学生的创造性思维，培养自学能力，力图通过自我探究，引导学生学会学习和掌握科学的方法，为终身学习和工作奠定基础。也即，在教师指导下，以学生为主体，学生通过自觉、主动地探索，掌握认识和解决问题的方法和步骤，研究客观事物的属性，发现事物发展的起因和事物内部的联系，从中找出规律，形成自己的认识和理解。

探究式教学的一般步骤：提出问题，建立假设，设计实验方案，搜集试试与证据，检验假设，交流。探究教学方式的基本特点：以培养科学态度和科学素养为目的；既注重科学的结果，更注重获得的过程；既重知识的获得，更重知识的运用，突出实践性；以问题驱动、任务驱动组织课堂教学，强调全员的参与；强调问题意识的培养。

第四，参与式教学。

凡是通过提供各种机会、发动学生用积极的方式和别人（包括教师）相互学习、相互促进的过程，都可称为参与式教学，也即它是一个参与、互动、体验、探索的学习过程，不是等待“灌输”的被教育过程。在参与式教学中，每个参与者都是教学资源，受教育者是整个教学活动的核心。参与式教学的核心主题是“以人为本”，常用的方法有以下 5 种：

①小组讨论。它是一种可以灵活运用的方法。有时，教师会事先拟定好一些问题，把参与者分成小组进行讨论，然后请他们到大组上和大家分享讨论的结果；有时小组要完成的任务可能是角色扮演；或是练习使用一个分析框架对所提供的案例进行分析。

②头脑风暴。它也叫做快速反应，是一种用来快速收集学生想法和意见的方法。操作步骤：向学生提出一个问题；请学生就这个问题用简单的一句话或几个字说说自己的看法；教师不加任何评判的记录下这些看法；根据记录，教师做一个符合学习目标的归纳总结。

③案例分析。它是通过向学生提供一个现实生活中（或是反映现实生活）的真实故事、情景，通过学生的分析，实现某个学习目标的一种方法。案例分析法由于很贴近生活，因此很能触动学生。

④角色扮演。它是由教师邀请学生担任某个角色，再现某个真实生活场景的过程。在学生扮演角色的过程中，他们有机会去体验一下不同人物在不同情景下的感受，促进他们和不同人物的同感，对消除误解和歧视很

有好处。

⑤演示。参与式教学的一个重要目的，是使学生能学习一些技能，并在学习结束后用到他们的生活中去。

参与式教学法的优点：提供多种多样的活动，互动性好，能激发学生学习动机，帮助学生学会理解他人的观点和看法等。缺点：耗时，教学进度容易受活动的影响，不能预测到所有可能等。

在参与式活动中，应该坚持以下原则：人类的知识和经验是多种多样的，每个个体和群体都拥有来自他们真实生活的知识和经验，都是可以用来解决问题的潜在的宝贵资源；尊重和接纳学生个体的多样性和差异性；赋权给处于弱势地位的群体，促使所有学生行动起来。

（2）新课程理念下的中学教学方式的主要特点。

与传统的教学方式相比，新课程理念下的中学教学方式主要有以下特点：重学生学习和发展，差异性教育，重过程，师生关系平等，等等。

重学生学习和发展，是指传统教学关注传授知识，而新教学方式关注以人为本，呼唤人的主体精神，教学由重传授向重学生的发展转变，并且比较注重学习的过程。教师要引导学生揭示知识形成的规律，让学生体验从感知到概括再到应用的思维过程。

差异性教育，是指新教学方式目的是要让学生全面发展，并强调依据每个学生的不同特点，分别进行差异性教学，真正做到因材施教。

“过程是事物发展所经过的程序、阶段”（辞海）。重过程是指教师在教学中，重视教学活动所经过的程序与阶段，是对教学目标的实现过程。重过程实质上体现了“以人为本”的理念，关注的是学习的过程与方法，是新课程所提倡的。

所谓“师生关系平等”，并不是就“角色平等”的意义而言的，而是指师与生的“人格平等”。尽管师生所承担的社会角色和责任是不同的，但他们作为人的存在这一点却是相同的。作为人的存在，教师需要爱，学生也需要爱；教师需要被尊重，学生也需要被尊重；教师需要理解，学生也需要理解。凡此种种，即为“人格平等”，才是新课程理念下的“师生关系平等”。

38

评价中学生的学习与发展有哪些基本策略?

评价是一种价值判断活动，教育评价就是对教育活动的价值判断。在现行教育中，教育评价一直起着指向的作用。美国学者斯塔费尔比姆认为:“评价最重要的意图不是为了证明，而是为了改进。”

《基础教育课程改革纲要》中对评价问题作出了明确的规定:“要建立促进学生发展的评价体系，要发现和发展学生多方面的潜能，帮助学生认识自我，建立自信，发挥评价的教育功能，促进学生在原有水平上的发展”。

（1）评价学生学习和发展的工具。

评价工具是指对评价对象测定时所采取的方式和手段。准确的评价是建立在能否收集到丰富的信息的基础上。常用的评价工具有标准化测验、教师自编测验、问题情境测验、问卷法、观察法、访谈法、作品分析法、实例研究法、档案袋、个案研究等。教师要尽可能熟悉这些工具的特点及应用范围，依据实用性原则、可行性原则、信度原则、效度原则选择评价工具，并且要注意不同工具的配合。

（2）评价学生学习和发展的方法。

第一，即时性评价。

即时性评价是在特定的情境下，对于学生的行为表现给予的即时鼓励、调控及引导的评价活动。它通常与教学活动过程相结合，是一种与教学过程紧密结合的进行性评价。其特点为：及时、易行，内容广泛，形式多样，具有导向作用，具有心理暗示功能。即时性评价要关注学生的行为表现，关注学生的情感倾向变化，关注学生之间的个体差异，让学生参与评价。评价时注意方法多样，如激励型评价、引导型评价、包容性评价、纠偏型评价、挑战性评价等。把握好评价的切入点，内容翔实，让学生参与评价。

第二，表现性评价。

表现性评价是通过观察学生在完成任务时的行为表现来评价学生已经取得的发展成绩。表现性评价方式主要包括口试、写作测试、问题解决、实验技能、科研项目等。表现性评价在用来评价常规测试不能评价的能力时更有效，如理解力、复杂技能、思维习惯等。评价时需要注意：表现性评价关注学生的整体表现；测量学生知道的知识以及应用知识于特定情境的能力；评价的效果取决于表现性任务的特征，如真实性、吸引力；与有关知识技能建立联系，能对学生进行个别评价，有清楚的指导语；让学生积极参与评价。表现性评价的优势：可以评价涉及校内外自然情境中的复杂表现的教学目标实现情况；可以测量用其他方法无法测量的复杂的学习结果；既能评价完成任务的结果，又能评价完成任务的过程；体现了现代学习理论的理念，改变新知识的形态并与学生先前的知识进行整合，学生是积极的参与者。表现性评价的不足：不同教师或者同一教师在不同时间对学生的评价不一致；表现性评价是持续性任务的评价，需要花费较多的时间。

第三，成长记录袋。

成长记录袋是通过汇集学生作品的样本，展示学生的学习过程和进步状况。成长记录袋是一个容纳了学生技能、观念、兴趣以及成就的容器，它能够系统地、有组织地收集、记录反映学生持续进步的相关作品，以此来反映和评价学生在某一特定学科领域中知识、技能和态度的发展。作为一种评价形式，成长记录袋是通过记录袋的创建立过程和最终结果的分析进行的学生发展状况的评价。其特征为：基本内容是学生作品；反映学生在特定学习领域的进步和成就；是学生自我评价和自我反思的工具；对于教师的教与学生的学有多方面的价值，如有助于教师检查自己的教学效果、学生的学习过程等。其功能为：全面记录学生的学习过程，集中展示学生的学习成就，激发学生的主题意识，共同诊断存在的问题。

第四，情感倾向评价。

情感倾向评价就是收集学生相关情感的方向和强度。比如，学生对待学习的兴趣是否强烈、是否有学习的欲望，学生学习态度是否端正，学生是否认识到自己的努力与取得成功之间的关系，等等。情感倾向评价的功能：促进教育目标的全面实现，确定影响认知发展的情感因素，协助教师进行教学活动过程的策略选择。情感倾向评价的内容有兴趣、态度、价值观、自我概念。情感倾向评价的方法有问卷法、行为观察法、访谈法等。

第五，学生评价中的测验。

学生评价中的测验是为了评价学生在某一方面所获得的能力或形成的品质而采用一定的技术。测验就是一种测量工具或技术，运用量化行为或分数，帮助我们理解并预测学生的行为。测验的类型：教师自编测验与标准化测验，常模参照测验与标准参照测验，客观测验与主观测验，安置性测验、形成性测验、诊断性测验与总结性测验。测验的目的：为教学决策定位，描述学生的进步，评价学生学业发展水平。测验的内容：学习结果的描述，如识记、理解、应用、分析、评价、创造；双向细目表的制定，它反应的是测验内容与认知水平之间的关系，比如我们可以考察一个知识点的理解层面，也可以考察它的运用层面。测验的质量分析：测验的可靠性和有效性可以通过分析学生对测验的反应来评价。对于标准测验来说，要分析测验的效度和信度来评价测验的质量；而一般的课堂测验主要以常模为参照，通过难度和区分度的分析，选择在难度和区分度上符合要求的题目。编制题目时要注意防止偏离教学目标、避免过分强调知识和技能评价的倾向、淡化测验结果的评定等级与甄别定位功能。

(3) 评价学生学习和发展要注意的几个方面。

第一，评价的多元化。

其一，评价的多元化表现为评价内容的多元化。不仅要关注学生的学业成绩，更注重创新精神和实践能力的发展，要求对学生的学业成绩、品德、心智、身体素质、美感等方面进行综合的评价，并且要以促进学生终身发展为出发点和归宿。

其二，评价的多元化提倡多元主体参与评价。学生自我评价，是指被评价者要自己参照评价指标体系对自己的活动状况或发展状况进行自我鉴定，其实质就是评价对象自我认识、自我分析、自我提高的过程。学生积极参与到评价中来，不仅有助于学生及时发现自己的问题并及时改进，而且有利于消除其他评价人员与学生之间可能出现的对立情绪，使评价结论更容易为学生所接受。小组互评，是指完成某一项活动之后，在小组之间进行的交流和相互评价。让学生参与对他人的评价过程，是一种学习与交流的过程，不仅能够更清楚地认识到自己的优势与不足，还可以提高学生的批判性思维，让学生学会交流、合作与分析。教师评价学生，是指教师根据评价指标体系，客观、公正、实事求是地对学生的学习作出价值判断。家长评价学生，能促进家长全面地了解孩子，引导家长形成科学的教子观，成为学生成长的伙伴。

第二，评价的过程性。

评价要注重学生发展过程的评价，收集学生学习状况的数据和资料，采用提问、观察等方式及时了解学生的动态，依据学生平时学习状况的评价结果及相关资料，依据一定的标准，对其发展状况作出客观描述，及时给予学生反馈并提出改进建议。在过程评价当中，要将定期的正规评价、表现性评价和即时的学生评价有机结合起来。

第三，学生的主体地位。

真正的主体性评价，不是靠外部力量的督促和控制，而是每一个主体对自己行为的“反思意识和能力”。教师和学生评价过程中，是一种民主参与、协商和交流的过程，这样的评价其结果容易得到学生的认同，从而真正使评价发挥促进学生发展的作用。

第四，质性评价和量化评价的有机结合。

量化评价多指通过测验和测量的方法来完成的教育评价。对诸如概念、定义、公理等基础知识的测试有着客观、直观、检测准确的特点。质性评价能够真实地反映教育现象，再现评价对象的个性特点，发现个体的潜质和发展趋势。

39

中学教师如何与家长进行有效沟通与合作？

青少年学生要想在“德”“智”“体”“美”全面健康成长，需要家庭、学校和社会共同作用。而家庭是人们接受教育最早的地方，父母作为子女的“第一任老师”，其在家庭中的影响和教育直接影响着子女的成长；学校是进行系统文化和思想教育的重要阵地；社会是进行直接教育的大课堂。由于教师观察不到孩子在家的情况，家长也不清楚孩子在学校的表现，这就需要教师和家长的沟通与交流，双方联合，才能让教育有针对性和连贯性。

但教师与家长进行有效沟通并非易事。首先，家长的职业不同、修养不同，教育孩子的方式、观念也不同。其次，受社会文化心理等因素的影响，家教双方有效沟通并加以合作的意识比较淡薄。教师往往比较依恋传统意义上的权威，并且有不少家长也有尊师重道的心理，因此，家长与教师平等沟通存在一定的阻碍。再者，对学生个人信息掌握不对称，造成了沟通的困难，并且沟通渠道并不是很宽广。此外，当代社会的家庭结构特点更迫切需要教师和家长的沟通，比如隔代家庭的比例有所增加、单亲家庭日益增多等，使得青少年教育问题复杂化。

（1）教师与家长进行有效沟通的必要性。

第一，增进教师与家长的相互了解与理解，有助于构建德育网络。

教师通过与家长沟通协商教育孩子的内容、方式、方法等，可以促进家庭教育与学校教育保持一致，使家长更好地进行教育。加强家校沟通，在学校和家庭之间建立便捷、稳定的联系通道，一方面，家长能及时将子女在家的活动信息反馈给教师，把家庭教育的一些有效的方式、方法传递给学校，促进学校与家庭、教师与家长在未成年人教育中的交流与合作。另一方面，家长更加了解学校和教师，了解学校教育的工作安排、各种校规校纪和学校工作的特点，更加理解教师的辛勤工作，消除许多思想上的疑问和误会，对教师更加尊敬，从而更积极主动地配合学校和教师的工作。

第二，帮助家长树立正确的教育观念，让家长走出教育的误区。

只有科学的家庭教育才能保证孩子的健康成长。不少家长从自身的需要和愿望来培养和塑造孩子。教育思想上的不一致，会造成青少年思想上的混乱，影响他们的健康成长和发展。家校合作可以在教育思想上、教育观念和要求上相互弥补。

第三，提高家长自身素养，确保青少年的健康成长。

榜样的力量是无穷的。学校通过合作，为家长提供教育知识的学习和教育技能的培训，帮助家长了解孩子心理发育特点和教育规律，与孩子建立平等、和谐、民主的家庭关系。而家长通过在家庭中创设良好的氛围熏陶孩子，与学校教育保持一致，促进孩子的健康成长。

第四，家校沟通是学校获得生存、求得发展的重要条件。

首先，家校沟通有利于形成教育合力，提高教育质量。其次，家校沟通有利于吸纳家长中的教育资源，使学校办出特色。学生家长中蕴藏着丰富的教育资源：一方面，家长有为子女教育投资的热忱，学校可以充分地吸纳他们的资源投资，促进自身的发展。另一方面，高素质、阅历丰富或者在某一方面具有特长的学生家长，或者可以直接充当学校教学、教辅人员，或者可以为学校教育的改革和发展发挥他们的聪明才智。再次，家校沟通有利于学校的可持续发展，家校沟通对学校来说也是一种压力，一种监督，它有利于学校全面地认识自身存在的问题，并努力改进自己的工作，提高教育教学和管理的质量。

(2) 中学教师与家长有效沟通与合作的主要途径。

教师和家长沟通能否对中学生教育起作用，取决于沟通中合理的内容和有效的形式。内容决定了双方就哪些方面的情况来沟通。教师与家长沟通的内容一般都应是能引起双方兴趣的内容，如学生成长的教育信息以及学校的教育教学计划等，则能让家长了解子女及学校的教育情况，而同时学校从家长那里得到对学生情况的介绍以及对学校教育的反馈、建议和意见，从而使沟通双方的需要得到满足，激发双方沟通的兴趣。而形式则决定了双方如何依据内容来沟通。家长和学校可以通过媒介的形式进行交流，如发成绩单和家校联系本，也可以通过人际间沟通的交流形式，如进行家庭访问、打电话联系、开家长会、成立家长委员会、办家长学校、举行学校开放日等，具体如下。

第一，召开家长会。

每学期的家长会，是教师与家长沟通的大好机会，不仅可以让家长了解孩子在校的生活和学习情况，帮助家长掌握教育孩子科学学习的方法，还可以利用这个机会，与家长交流管理班级的思想和方法，针对孩子思想上出现的各种问题，同家长协商寻找解决的办法，完成对学生的思想教育。

第二，教师进行家访。

家访的基本形式有普访、随访和定访。普访是对多数学生家庭普遍访问一次，它可以很快沟通师生感情，了解学生的基本情况；随访是针对预兆发生事情的学生，可以及时与家长沟通，采取预防、纠正措施；定访是与家长事先定好周期性的联系，一般针对重点对象。

家访并不是一件简单的事情，成功的家访能使家长更加佩服教师，使学生更加信任教师，从而激发积极向上的决心；相反，失败的家访也会使家长对教师产生不该有的误解。因此，家访要选择适当的时间，要掌握正确的方法，不能急于求成，否则，达不到家访的目的。

家访时的要求：首先，目的明确、内容真实具体。家访前要做好充分的准备，了解学生情况，然后有针对性家访，内容要真实具体。其次，精心选择把握家访的有利时机，以达到最佳效果。比如，学生学习进步时、学生生病在家时、学生或家长遇到困难时、学生出了严重问题或犯了重大错误时进行家访效果比较好。再次，教师谈话要讲究技巧。多肯定、少批评，全面分析、总结，不要武断定结论，要启发性地向家长了解情况，多听听家长的意见。最后，要遵循巩固性原则，注重访后督导，适时做出评价。只有抓好访后有关工作，循序渐进，坚持不懈，才能巩固家访的效果，真正达到家访的教育目的。

总之，适时的家访会融洽师生的感情，使学校教育和家庭教育的联系更加紧密，会更有效地促进学生的生活和学习。

第三，家长来访。

家长到学校来访，有助于发挥家长教育子女的主观能动性，但由于办公环境的限制，往往只能就事论事。

第四，家长学校。

大多数家长学校都是由学校和教育部门配合，采取专题讲座的形式，邀请校长、教导主任、教师和有关方面的专家、教授，向家长讲解教育科学、心理科学、生命科学等方面的系统知识，开展家庭教育咨询活动或家长之间的经验交流活动。通过家长学校的举办，可以提高家长教育素养，更加科学合理地对子女进行教育，促进家校合作沟通。

第五，家长委员会。

家长委员会是一种由学校出面组织的家长自己的集体组织。一般是在学生入学后，按班级人数推选出一定数量的家长代表而成立的。家长可以定期向委员们提建议或汇报学生的情况。教师与委员们可以通过开委员会会议交换信息，共同研究如何教育学生，搞好班级建设。家长委员会作为学校与家长联系的桥梁，既可以及时反映家长对学校工作的意见和建议，又可协调家长之间、家长与学校之间的关系，协助学校做好家长工作。不同职业或者不同文化背景的家长的加入，不仅可以给学校带来丰富的教育内容，又能为学校的教育和管理提供多种支持和服务。

第六，家长开放日。

每学期或学年学校向家长开放一天或半天作为家长开放日，展示学校的教育教学成果，展示学校的教育教学实践。家长通过听课、参加主题班会、观摩学生活动、参与学校联欢等各种形式的活动，了解学校、了解教师、了解孩子，增进与学校的感情。

第七，通讯联系。

通讯联系是家长和学校联系及沟通的简便而有效的形式。通讯联系的内容是交流信息，如学生的学习情况和平时表现、学校和家庭的主要变化和新的建议和要求，以及家庭教育方面的科学知识、教育子女的成功经验等。通讯联系的形式主要有：①书面联系（包括在学校和家庭之间传递《学生手册》《家长联系册》、通信等）；②电话联系；③捎口信（一般由学生捎带信息给家长或教师）；(4) 网上交流平台（如 QQ 等）。

(4) 教师和家长沟通应该注意的问题。

第一，巧妙接待不同类型的家长。

①对于知识型的家长：这一类型的家长一般比较注重对孩子的教育，他们观察自己的孩子比较深入、细致，教师应当如实向家长反映情况，先认真倾听他们对孩子的教育措施和处理意见，然后冷静分析，作出判断。

②对于溺爱型的家长：在肯定中提出对孩子的要求。先肯定孩子的优点，然后用委婉、暗示的语气提出孩子的不足，尽量说服家长能积极主动地配合学校的工作。

③脾气暴躁型的家长：这样的家长，一般文化程度不高，很容易就对孩子拳打脚踢。教师与该类家长沟通时要特别谨慎，要轻声细语地说出孩子的表现，希望他们是让孩子打心眼里知道自己错了，而不是强行让孩子怎么样，这样反而会达不到效果。

第二，遵循主动性原则，努力架设学校与家庭之间合作的桥梁。

班主任应遵循家访的主动性原则，主动去拜访家长，这样家长首先会从内心感受到教师热情真诚、工作认真、作风细致、不摆架子，这正是家长配合教师教育学生的前提，是教师得到家长配合的心理和情感基础。

第三，遵循全员性原则，及时发现问题。

学生素质尽管存在着差异，但由于受年龄及知识水平限制，对外界事物及自身认识都较为肤浅，这就决定了每个学生身上都存在着消极因素。这就要求班主任遵循全员性原则，及时发现每个学生存在的问题，逐个加以引导，及时与家长沟通联系，共同针对学生的思想动态加以约束纠正。

40

中学教师如何开展教育科研活动？

教育科研是探索教育教学规律，促进教育发展，提高教育教学质量的第一推动力。在当今教育教学改革不断深入的形势下，一般的教学研究已不能适应时代发展的要求，只有运用科学的理论和方法，有意识、有目的、有计划地对教育领域中的现象和规律进行探索，才能解决教育教学工作的实际问题。

2012 年教育部颁布的《中学教师专业标准》中的基本理念要求教师“能力为重、终身学习”。中学教师是基础教育的主力军，是发展教育事业的主要力量。为了适应时代的发展，提高教育教学质量，教师就必须开展教育科研。

（1）开展教育科研的要求。

第一，要认真学习当代教育科学的新理论、新方法和新成果，不断从新的角度、新的层面进行观察和思考，这样才能有新的发现和新的创造，才能从丰富多彩的教育教学实践中探索、揭示出新的规律。

第二，要紧密联系实际，善于从日常工作中发现问题，及时总结经验教训，不断增加教育教学工作中的科研含量。

第三，不同层次的教师要有不同层次的要求：其一，青年教师每参加一次教育教学活动，都要把自己最深刻的印象记录下来，并不断反思，反复实践。然后，利用科学的理论和方法加以总结，从而加工整理成值得进一步研究的课题。其二，有一定教育教学经验的教师，可以依据新教育教学理论，有目的、有计划、有意识地选择一些教育教学实践中急需解决的问题进行研究；也可以学习借鉴一些成功的教育教学模式和方法进行实验，并进一步研究探索出符合自己工作实际的教育教学规律；还可以把自己长期积累起来的经验分类、整理、补充、完善，通过实践、认识、再实践、再认识的过程进行升华，从而探索出具有自身特色的新理论、新方法或新模式。

（2）教师开展教育科研需要解决两个方面的问题。

第一，思想问题。

轻视思想：认为教育科研是可有可无的事情，搞与不搞一个样。

无关思想：认为教育科研事不关己，埋头教书错不了。

顾虑思想：担心搞教育科研影响教学成绩。

畏难思想：认为教育科研很神秘，高不可攀，非专家不能搞。

急功近利思想：认为搞教育科研是一蹴而就的事情，评职称时再搞也不晚。

不思进取思想：安于现状，因循守旧，别人说我无长进，我觉得还行。

第二，教育科研与教学研究二者的关系。

教育科研与教学研究有相同点也有不同点。

相同点是：二者研究的对象相同，都是教育现象；二者研究的目的相同，都是为了探索教育教学规律和提高教学质量；二者可以采用近似的研究手段和研究方法。

不同点是：从研究的范围看，教育科研的范围大，包括一切教育现象、教育过程以及与教育有关的社会现象和心理现象，而教学研究的范围较小，主要研究教材、教法以及教学管理工作中的局部问题，教学研究是教育科研的一部分。从研究的要求看，教育科研要有严格的科学性、客观性和最大限度的可靠性、准确性，而教学研究受主客观条件的限制，通常以个别的、局部的经验为基础，解决眼前一时的问题，不能深刻、准确地揭示教育现象的内在规律。从研究的过程看，教育科研是有目的、有计划且系统性很强的研究活动，而教学研究缺乏系统性和严密性，大多是分散的、零星的活动；从研究的成果看，教育科研的成果具有普遍的规律性和创造性，而教学研究的成果通常具有地方性、单位性或教师的个别特征，其普遍意义和推广价值受到一定的局限。

（3）进行教育科研的程序。

教育科研是一项有序的系统工程，一个完整的教育科研过程可划分为三个阶段，三个阶段中包含十个步骤：第一阶段是前期准备阶段，包括选题、检索资料、申请立项、制定研究方案四个步骤；第二阶段是中期研究探索阶段，包括开题、资料的收集与整理、分析研究三个步骤；第三阶段是后期成果处理阶段，包括成果的表述、成果鉴定与验收、成果评奖与推广三个步骤。

第一，教育科研课题的选择。

所谓课题，实际上是研究的项目。课题的名称是对研究项目的表述，它不仅能显示研究的对象和内容，同时还可以体现研究的目的和意义。例如："中学生学习方法问题的研究"这个课题，研究的对象是"中学生"，研究的内容是"学习方法"，研究的意义是"探索中学生学习方法的规律和提高中学生学习效率"。

在教育科研过程中，选定"好的"课题就是成功的一半。作为课题研究的第一步，正确的选题十分重要，它不仅决定了研究者目前与今后的探索方向、目标和内容，而且还规定了研究必须采用的方法和途径，是教育科研的关键。

课题的来源：一是来源于教育教学实践；二是来自于教育理论文献资料；三是来自教育科研部门下发的课题指南。尽管课题来源十分丰富，但要真正发现和选定一个好的课题，也并非易事，还需要具有较高的知识水平、敏锐的洞察能力和分析能力。课题选择的一般方法有：①问题筛选（需要什么研究什么），通过对教育教学过程实际问题的归类整理，分析重要性程度和研究问题意义的大小，确定研究的价值，并广泛听取意见，从中选取价值明显、适合自己研究水平和能力的问题作为课题；②经验提炼（做什么研究什么)，把平常教育教学过程中实践探索出的经验上升到理论的高度，其中必然要回答一系列问题，于是就可以提炼出许多课题；③资料质疑（怀疑什么研究什么），“尽信书，不如无书”，通过对有关资料进行分析，比较不同的观点，诘问前人的结论，揭露理论与实践的差异等，从中产生研究的课题。此外，课题的选择还应遵循现实性、时代性、科学性、未来性的统一原则。

在选题时应注意以下一些问题：①课题的大小要适度，开始宜小一点，逐步再扩大；②研究的问题要明确，要清楚解决什么问题；③选题要扬长避短，紧密结合本职工作；④题目象一般论文的题目。比如“教给学生学习方法”“自主学习，交流探索”“培养自信，转化差生”等。“试论……”“如何……”“浅谈……”“初探……”“尝试……”等均不符合研究课题名称的要求。总之，无论用什么方法来发现或选定课题，都要体现四个字：小（题目要小）、实（联系实际）、深（有一定的深度）、新（有新意和创新）。

第二，深入学习，掌握相关资料。

教育科研是一种在探索中获取新认识的过程，它的基础是学习、掌握相关资料，学习伴随科研教育全过程。研究课题确定后，要进行大量的文献资料检索，以便全面了解与本课题有关的情况，如研究内容的历史沿革、发展现状和前景等，进一步明确研究课题的性质、任务以及预期达到的目的，同时，还可以界定一下本课题与相关学科门类的关系，对课题进行初步论证。

第三，理论设想，制定课题研究方案。

选定了课题并做了大量深入细致的调查研究之后，就要对所得到的材料和某些未知的事实进行了一些推测性的解释或猜想。这种解释或猜想又称为假说。假说是研究工作者重要的思维方法，也是研究工作中十分重要的智力手段。通过猜测或设想，加以科学分析和综合，就逐步形成一个完整的方案。实施方案是课题研究工作实施的具体计划，也是对课题研究过程的全面规划和设计，它能为课题的研究提供全面、系统的工作程序。中小学教育科研的课题众多，所用的具体研究方法也有所不同，但是课题计划的基本结构大体是一致的。实施方案一般包括以下内容：

①题目（即研究项目的名称）。课题的名称必须简洁、具体，明确表述所要研究的问题，力求能体现研究内容、研究对象和研究的方法。例如：《初一代数自学辅导教学的实验研究》，研究的内容是初一代数教学的自学辅导程序与方法，研究对象是初一学生，研究方法是实验法。

②阐述课题研究的目的、意义和背景，主要揭示课题的价值、研究方向和研究重点，揭示成果目标。

首先，要阐述课题研究的背景，说清研究的动因，根据是什么，受到什么启发而搞这项研究，因为任何课题都不是凭空而来的，都有一定的背景和思路。其次，要明确课题研究的目的和意义，即研究此课题的原因和价值，通过研究要解决的问题。再次，要介绍本课题的研究历史和现状，以及课题研究的特色或突破点。

③课题研究的范围和内容。

课题研究的范围：任何教育科研课题，都应该有一定的研究范围，包括对研究对象的界定和关键概念的界定。对研究对象的界定：其一，对研究对象的总体范围进行界定。如果研究对象的总体不同，那么同一课题所得结论就很可能不同。其二，对研究对象的模糊概念进行界定。有不少课题中研究对象的概念模糊，外延不确定，如："厌学学生""品德不良学生""青年教师"等。这些都没有一个统一和明确的定义，必须在方案中界定，以确定研究对象的总体范围，正确选取研究对象的样本。其三，对关键概念的界定。这种界定可使课题研究思路清晰，可操作性强，便于显示研究目标。对关键概念的界定，也称"给变量下抽象定义"。例如：《化学教学中课堂实验对培养学生思维能力的作用研究》这个课题，就得给"思维能力"下一个明确定义。同时，还要对"课堂实验"作出一个界定，确定是教师的演示实验，还是学生动手实验。

课题研究的内容：课题研究的内容要具体、明确，可操作性强。只有这样，才能使课题研究有的放矢，才能使研究出的结论准确，有效果。

④研究的方法。

中小学教育科研的每一项课题都要有相对应的教育科研方法，现实中往往以一种方法为主，多种方法并用。

“研究方法”也是课题计划的一个重点，除了要叙述清楚使用什么方法进行研究之外，还要尽可能写得细致一些。现在我们在使用研究方法上存在很多问题：使用方法单一，大多数使用的仅仅是经验总结法和行动研究法；对调查法重视不够；在实验法的使用上有滥用的情况，不了解实验法的科学涵义和特殊要求，随便在研究中冠以“实验”二字，硬性划分实验班、对比班，刻意追求“实验效果”，这样不利于推广先进教育经验，不利于发挥教师群体智慧，不利于教师团结；定性分析多，定量分析少，对统计方法、测量方法利用的不够，主观意向评价过多。

⑤研究程序。

设计研究程序，就是设计研究实施步骤、时间安排，这也是课题计划的一个重点。一般要按研究的步骤划定各阶段的起止目标，制定时间进度表。这样研究者可以严格按步骤和时间要求进行研究，自己督促自己，自我检查计划的完成情况，从而保证课题研究按时保质完成。课题研究的管理者也可依据此研究程序对课题研究进行检查、督促和管理。

⑥成果形式。

研究报告和论文是教育科研成果最主要的两种表现形式。在研究计划中设计出成果形式，从研究者角度来说，可以明确将来用什么表现研究成果，从开始就可以着手向这方面努力，积累材料，构思框架，进行分工，以利于研究成果的顺利问世。从课题研究的管理者角度来说，可以据此进行检查验收。

⑦研究组成员。

在研究计划中，将课题组负责人、成员名单及分工情况写出，目的是为了增强课题研究组成员的责任感，以利于计划的落实。课题组负责人应是课题研究的实际主持者和主要研究人，课题组成员要和实际教学密切结合，充分发挥教师群体的智慧和力量。

总之，制定课题计划很重要，要认真细致、明确具体，具有科学性和可操作性。除总的课题计划外，研究者应结合教材和学生实际制定每学期的课题实施方案，按课题要求设计出本学期什么时间做什么，怎么去做，把总的课题计划分解落到实处。为保证课题及课题计划的科学性、实效性，还要进行课题论证，这同时也能增加课题研究的透明度，便于形成教育科研的竞争机制。

第四，组织实施，搜集分析，整理资料。

教育科研的实施是中小学教育科研的主体阶段。在按课题计划和每学期实施方案的实践过程中，要突出以下三项工作：

其一，不断验证理论假设和充实调整课题计划。

教育科研的过程就是不断有目的、有计划验证理论假设的过程。也许会发现原定计划某些地方不符合当前的实际情况，这就需要对原定计划进行某些调整和修改，补充必要的内容，或删除某些部分，把计划性和灵活性有机地结合起来。但必须说明修改理由，并保留原件作为附件，这是科研的基本特点所要求的。

其二，搜集、整理、分析教育科研资料。

教育科研资料在教育科研中起着非常重要的作用。它能使研究者了解有关研究领域的已有成果、发展历史、当前研究动态，可以帮助选择和确定研究课题，还可为论证课题提供理论依据和事实依据，能启发研究者的思维、激发灵感。总之，从教育科研的起始到终结都离不开教育科研资料，从某种意义上说，科学研究就是对科研资料的搜集、使用和再创造的过程。

教育科研资料的整理是做出科学结论的前提，而资料整理的核心工作就是资料分类。要根据课题研究目的进行分类，选择能反映研究事物的本质的资料进行分类。课题研究必须建立在事实资料基础上，保留有价值的调查表、会议记录和重要数据。资料分类时，还要注意把反映人们主观意见、感受的资料和反映客观事实的资料区分开，把反映特殊情况的资料和具有总体特征的资料区分开。

其三，定性和定量分析研究。

教育研究的任务是从表面上看起来杂乱无章的现象中，透过偶然的、零乱的现象去看清事物的面貌，发掘和研究被掩盖了的规律，认识和掌握事物的本质。为了完成这一任务，就需要对经过整理的事实资料进行分析研究。

第五，加强管理，定期检查总结。

教育科研是个系统的创新工作，一般的课题都需要研究三年以上，过程管理尤为重要。中小学教育科研的过程管理是指中小学教育科研一般职能活动的客观程序，它通常包括计划、组织、检查、总结四个连续环节。四个环节紧密相连，循序同期性发展，一个活动也可以构成一个周期。课题过程管理最好以每个学期为一周期。

①计划。

课题计划可以保证研究方向，落实研究目的。每个课题除课题总体计划外，每个研究者每学期都要结合教材和学生实际制订出具体实施方案，提高科研的目的性和管理的预见性，减少工作盲目性，这是中小学教育科研管理科学化的一项基本要求。

②组织。

中小学教育科研管理在实施阶段的主要任务是正确贯彻有关政策和采取有力的措施，经常了解、督促、协助科研课题组解决研究中的问题，充分调动科研人员的主动性、积极性和创造性。

管理者应做好以下几方面工作：第一方面，加强思想政治工作，切实保证正确的科研方向，及时解决思想认识问题，在明确课题研究的紧迫性、作用与意义的基础上，激起研究者的工作热情，然后组织科研队伍，培养骨干；第二方面，协助课题负责人把任务落实到人，定要求、定完成时间；第三方面，及时了解课题进展情况和质量，针对存在的问题给予及时的指导和帮助，及时提供有关研究信息，必要时可组织有关专家帮助解决研究过程中遇到的重大难题。提供完成课题任务所需的物质条件，包括研究经费、实验设备和先进的研究手段等。

③检查。

对课题研究进展情况进行检查，是中小学教育科研管理过程的一项重要内容，同时也是管理人员的一项经常性的工作。

其一，检查课题研究是否按计划进行，对一些特别复杂的课题，如有必要可在时间和内容方面进行必要的调整；其二，检验计划的科学性、可行性，科研实践是检验的唯一标准，要一切从实际出发；其三，检查计划执行情况，既要看到成绩，又要提出问题，设法帮助解决。在检查中发现的某些问题，可能是新的科研“生长点”和急需开展研究的课题，对此类问题应给予高度重视。学校要保证每学期检查三次以上。

④总结。

总结是感性认识上升到理性认识的阶梯，也是教育科研过程管理的关键性环节。

总结也要和计划、检查一样贯穿教育科研的全过程。课题负责人每学期末对照开学初的实施方案要分析研究本学期课题研究进展情况，内容要具体，结合教材和学生实际分析、综合、肯定成绩，找出不足，明确今后的努力方向。我国教育科研目前存在的问题，就是总结写得空洞、笼统，和宏观的计划雷同。各级管理部门要对总结的阶段性成果进行评估奖励，推动课题研究的深入发展。

第六，及时结题，写出研究报告和论文。

附 录

中学教师专业标准（试行）

为促进中学教师专业发展，建设高素质中学教师队伍，根据《中华人民共和国教师法》和《中华人民共和国义务教育法》，特制定《中学教师专业标准（试行）》（以下简称《专业标准》）。

中学教师是履行中学教育教学工作职责的专业人员，需要经过严格的培养与培训，具有良好的职业道德，掌握系统的专业知识和专业技能。《专业标准》是国家对合格中学教师的基本专业要求，是中学教师实施教育教学行为的基本规范，是引领中学教师专业发展的基本准则，是中学教师培养、准入、培训、考核等工作的重要依据。

一、基本理念

（一）师德为先

热爱中学教育事业，具有职业理想，践行社会主义核心价值体系，履行教师职业道德规范，依法执教。关爱中学生，尊重中学生人格，富有爱心、责任心、耐心和细心；为人师表，教书育人，自尊自律，以人格魅力和学识魅力教育感染中学生，做中学生健康成长的指导者和引路人。

（二）学生为本

尊重中学生权益，以中学生为主体，充分调动和发挥中学生的主动性；遵循中学生身心发展特点和教育教学规律，提供适合的教育，促进中学生生动活泼学习、健康快乐成长，全面而有个性地发展。

（三）能力为重

把学科知识、教育理论与教育实践有机结合，突出教书育人实践能力；研究中学生，遵循中学生成长规律，提升教育教学专业化水平；坚持实践、反思、再实践、再反思，不断提高专业能力。

（四）终身学习

学习先进中学教育理论，了解国内外中学教育改革与发展的经验和做法；优化知识结构，提高文化素养；具有终身学习与持续发展的意识和能力，做终身学习的典范。

二、基本内容

维度	领域	基本要求
专业理念与师德	（一）职业理解与认识	1. 贯彻党和国家教育方针政策，遵守教育法律法规。 2. 理解中学教育工作的意义，热爱中学教育事业，具有职业理想和敬业精神。 3. 认同中学教师的专业性和独特性，注重自身专业发展。 4. 具有良好职业道德修养，为人师表。 5. 具有团队合作精神，积极开展协作与交流。
	（二）对学生的态度与行为	6. 关爱中学生，重视中学生身心健康发展，保护中学生生命安全。 7. 尊重中学生独立人格，维护中学生合法权益，平等对待每一位中学生。不讽刺、挖苦、歧视中学生，不体罚或变相体罚中学生。 8. 尊重个体差异，主动了解和满足中学生的不同需要。 9. 信任中学生，积极创造条件，促进中学生的自主发展。
	（三）教育教学的态度与行为	10. 树立“育人为本、德育为先”的理念，将中学生的知识学习、能力发展与品德养成相结合，重视中学生的全面发展。 11. 尊重教育规律和中学生身心发展规律，为每一位中学生提供适合的教育。 12. 激发中学生的求知欲和好奇心，培养中学生学习兴趣和爱好，营造自由探索、勇于创新的氛围。 13. 引导中学生自主学习、自强自立，培养良好的思维习惯和适应社会的能力。 14. 尊重和发挥好共青团、少先队组织的教育引导作用。

（续表）

维度	领域	基本要求
	（四）个人修养与行为	15. 富有爱心、责任心、耐心和细心。 16. 乐观向上、热情开朗、有亲和力。 17. 善于自我调节情绪，保持平和心态。 18. 勤于学习，不断进取。 19. 衣着整洁得体，语言规范健康，举止文明礼貌。
专业知识	（五）教育知识	20. 掌握中学教育的基本原理和主要方法。 21. 掌握班级、共青团、少先队建设与管理的原则与方法。 22. 掌握教育心理学的基本原理和方法，了解中学生身心发展的一般规律与特点。 23. 了解中学生世界观、人生观、价值观形成的过程及其教育方法。 24. 了解中学生思维能力、创新能力和实践能力发展的过程与特点。 25. 了解中学生群体文化特点与行为方式。
	（六）学科知识	26. 理解所教学科的知识体系、基本思想与方法。 27. 掌握所教学科内容的基本知识、基本原理与技能。 28. 了解所教学科与其他学科的联系。 29. 了解所教学科与社会实践及共青团、少先队活动的联系。
	（七）学科教学知识	30. 掌握所教学科课程标准。 31. 掌握所教学科课程资源开发与校本课程开发的主要方法与策略。 32. 了解中学生在学习具体学科内容时的认知特点。 33. 掌握针对具体学科内容进行教学和研究性学习的方法与策略。
	（八）通识性知识	34. 具有相应的自然科学和人文社会科学知识。 35. 了解中国教育基本情况。 36. 具有相应的艺术欣赏与表现知识。 37. 具有适应教育内容、教学手段和方法现代化的信息技术知识。

（续表）

维度	领域	基本要求
专业能力	（九）教学设计	38. 科学设计教学目标和教学计划。 39. 合理利用教学资源和方法设计教学过程。 40. 引导和帮助中学生设计个性化的学习计划。
	（十）教学实施	41. 营造良好的学习环境与氛围，激发与保护中学生的学习兴趣。 42. 通过启发式、探究式、讨论式、参与式等多种方式，有效实施教学。 43. 有效调控教学过程，合理处理课堂偶发事件。 44. 引发中学生独立思考和主动探究，发展学生创新能力。 45. 发挥好共青团、少先队组织生活、集体活动、信息传播等教育功能。 46. 将现代教育技术手段整合应用到教学中。
	（十一）班级管理与教育活动	47. 建立良好的师生关系，帮助中学生建立良好的同伴关系。 48. 注重结合学科教学进行育人活动。 49. 根据中学生世界观、人生观、价值观形成的特点，有针对性地组织开展德育活动。 50. 针对中学生青春期生理和心理发展特点，有针对性地组织开展有益身心健康发展的教育活动。 51. 指导学生理想、心理、学业等多方面发展。 52. 有效管理和开展班级、共青团、少先队活动。 53. 妥善应对突发事件。
	（十二）教育教学评价	54. 利用评价工具，掌握多元评价方法，多视角、全过程评价学生发展。 55. 引导学生进行自我评价。 56. 自我评价教育教学效果，及时调整和改进教育教学工作。
	（十三）沟通与合作	57. 了解中学生，平等地与中学生进行沟通交流。 58. 与同事合作交流，分享经验和资源，共同发展。 59. 与家长进行有效沟通合作，共同促进中学生发展。 60. 协助中学与社区建立合作互助的良好关系。

（续表）

维度	领域	基本要求
专业能力	（十四）反思与发展	61. 主动收集分析相关信息，不断进行反思，改进教育教学工作。 62. 针对教育教学工作中的现实需要与问题，进行探索和研究。 63. 制定专业发展规划，积极参加专业培训，不断提高自身专业素质。

三、实施建议

（一）各级教育行政部门要将《专业标准》作为中学教师队伍建设的基本依据。根据中学教育改革发展的需要，充分发挥《专业标准》引领和导向作用，深化教师教育改革，建立教师教育质量保障体系，不断提高中学教师培养培训质量。制定中学教师准入标准，严把中学教师入口关；制定中学教师聘任（聘用）、考核、退出等管理制度，保障教师合法权益，形成科学有效的中学教师队伍管理和督导机制。

（二）开展中学教师教育的院校要将《专业标准》作为中学教师培养培训的主要依据。重视中学教师职业特点，加强中学教育学科和专业建设。完善中学教师培养培训方案，科学设置教师教育课程，改革教育教学方式；重视中学教师职业道德教育，重视社会实践和教育实习；加强从事中学教师教育的师资队伍建设，建立科学的质量评价制度。

（三）中学要将《专业标准》作为教师管理的重要依据。制定中学教师专业发展规划，注重教师职业理想与职业道德教育，增强教师育人的责任感与使命感；开展校本研修，促进教师专业发展；完善教师岗位职责和考核评价制度，健全中学教师绩效管理机制。中等职业学校教师参照执行。

（四）中学教师要将《专业标准》作为自身专业发展的基本依据。制定自我专业发展规划，爱岗敬业，增强专业发展自觉性；大胆开展教育教学实践，不断创新；积极进行自我评价，主动参加教师培训和自主研修，逐步提升专业发展水平。